LE PLAISIR AU MOYEN AGE

DU MÊME AUTEUR

La Chronique de Saint-Maixent, 751-1140, édition et traduction, Les Belles Lettres, 1979 (Les Classiques de l'Histoire de France au Moyen Age, 33).

Les Loisirs au Moyen Age, Tallandier, 1980.

Isabeau de Bavière, Tallandier, 1981. Réédition, Le Grand Livre du Mois, 1995.

Grégoire de Tours, « le père de l'histoire de France », Horvath, 1988.

Les Françaises pendant la guerre de Cent Ans, Perrin, 1991 (ouvrage couronné par l'Académie française).

La Nuit au Moyen Age, Perrin, 1994. Réédition Hachette-Pluriel, 1995.

Collection *Pluriel* fondée par Georges Liébert
dirigée par Pierre Vallaud

JEAN VERDON

Le Plaisir au Moyen Age

PERRIN

Né en 1937, Jean Verdon, professeur d'histoire médiévale à l'université de Limoges, a publié de nombreux ouvrages, notamment *Les Loisirs au Moyen Age, Isabeau de Bavière* et, chez Perrin : *Les Françaises pendant la guerre de Cent Ans* (couronné par l'Académie française) et *La Nuit au Moyen Age*.

Introduction

Le plaisir, à en juger par les lieux communs, constitue un élément fondamental tant pour les hommes de l'Antiquité que pour ceux de la Renaissance.

Alors que leurs philosophes recherchent le souverain bien, les Grecs prenant part au « banquet » se livrent à un érotisme joyeux. L'Antiquité latine, attachée à la notion d'*otium* (loisir) évoque les délices de Capoue ou les orgies décrites par Pétrone.

La Renaissance, période d'épanouissement individuel, d'exaltation de la vie et de la nature, ne peut qu'applaudir devant la dive bouteille de Rabelais ou les exhortations de Ronsard à jouir de la vie.

Au contraire – même si nulle époque n'est en rupture totale avec ce qui précède ou ce qui suit –, le Moyen Âge semble être une période de ténèbres, ayant rompu tout lien avec l'Antiquité, où la religion et son omniprésence ne peuvent que condamner comme péché le plaisir, l'amour, où la pauvreté et le travail constituent des valeurs essentielles. Dans ces conditions la notion même de plaisir est-elle alors concevable ? Fait-elle seulement partie, sinon des faits ou des préoccupations, du moins des concepts ?

Pourtant, si le plaisir – cette « sensation ou émotion agréable liée à la satisfaction d'une tendance, d'un besoin, à l'exercice harmonieux des activités vitales » selon la définition du dictionnaire *Robert* – constitue ce vers quoi chacun tend, pourquoi l'homme du Moyen Âge en serait-il exclu ? Certes, il fait d'abord spontanément penser aux jouissances sensuelles et notamment sexuelles, mais l'homme médiéval se reproduit.

Il semble néanmoins au-delà du stéréotype de dire que le grand phénomène du Moyen Âge est l'omnipotence religieuse et que sa grande nouveauté est l'association du péché et de la chair.

Dans ce contexte, le plaisir peut-il être plus qu'un phénomène vécu sans réflexion, c'est-à-dire plus qu'une tendance ? Or le plaisir se situe au-delà de la simple tendance, il implique une réflexion sur lui, une approbation de certaines conduites. L'entrave de la religion semble avoir entraîné une conception particulière du plaisir propre au Moyen Âge qui, ajoutée à la part si importante faite au corporel, à la sublimation due à l'esprit et à la sensibilité esthétique, le subordonne à Dieu.

Première partie

Faire l'amour

Le terme plaisir, employé absolument, désigne tout particulièrement le plaisir sexuel. Les hommes d'Église du Moyen Âge mettent d'ailleurs cet aspect au centre de leurs préoccupations. On distingue habituellement en amour cinq étapes qui se retrouvent, avec quelques variantes, dans de nombreux textes médiévaux. Les *Carmina burana* rappellent que, « avec son arc qui siffle, l'amour envoie cinq flèches, ce sont les cinq façons dont nous lui sommes assujettis : la vue, la conversation, l'attouchement, l'échange de doux baisers » et « le degré ultime, le meilleur ».

1

Les préliminaires

Les plaisirs amoureux ne proviennent pas du seul coït. Ce dernier est l'aboutissement d'une longue préparation. La forteresse ne se rend qu'après un siège en règle !

L'historien constate que, pour parler des travaux d'approche, il ne dispose pratiquement que de textes littéraires. Aussi devra-t-il d'abord se contenter de décrire ce que les auteurs considèrent comme la norme, tout au moins pour certaines catégories sociales, avant de se demander s'il peut connaître la réalité.

LES AMANTS DE LA LITTÉRATURE

Vue

La vue joue un rôle fondamental dans l'éclosion de l'amour. Jean de Meun écrit vers 1270-1280 dans la deuxième partie du *Roman de la Rose* : « L'amour, après mûre réflexion, c'est une maladie de pensée qui touche de manière conjointe deux personnes de sexe différent, libre chacune, et qui vient aux gens par un ardent désir, né de regards passionnés, de s'embrasser, de se donner des baisers et de prendre ensemble du plaisir charnel [1]. »

1. Toutes les citations du *Roman de la Rose* sont faites d'après la traduction d'Armand Strubel.

Les proverbes médiévaux insistent sur ce rôle de la vision : « Là où est l'amour, aussi est l'œil », proclame l'un d'eux qui date du XIIIe siècle.

André le Chapelain, auteur d'un *Traité de l'amour courtois*, composé aux environs de l'année 1186, affirme même qu'un aveugle ne peut aimer, car il ne voit pas et, de ce fait, son esprit ne peut être l'objet de réflexions obsédantes.

La plupart du temps l'aventure commence par un coup de foudre. Il suffit au héros de voir un personnage de l'autre sexe pour s'en éprendre aussitôt. Flamenca, dans le roman occitan du XIIIe siècle qui porte son nom, a épousé Archambaut, seigneur de Bourbon. Celui-ci devient bientôt d'une jalousie morbide et enferme son épouse dans une tour. La rumeur des malheurs de la jeune femme parvient aux oreilles d'un chevalier, Guillaume de Nevers, qui décide de l'aimer et se rend à Bourbon où il descend dans la meilleure auberge.

Le lendemain, il se rend à l'église, mais sa belle est voilée. « Il languit, se plaint et le fait de ne pas apercevoir son visage lui cause un réel désagrément [1]. » Flamenca a la peau blanche, délicate, la chevelure belle et resplendissante. Le soleil dirige sur elle un rayon qui la touche. « En voyant ce magnifique emblème du riche trésor qu'Amour lui désigne, Guillaume sentit tout son cœur sourire et se réjouir. » Le jeune homme chante sa partie « sans oublier de regarder à intervalles réguliers » vers Flamenca. Au moment de l'Évangile, elle se lève, mais un bourgeois qui se met alors debout empêche Guillaume de l'apercevoir. Heureusement, l'importun s'écarte, et notre héros peut de nouveau regarder sa dame et la voir debout ; de la main avec laquelle elle s'est signée, elle a légèrement baissé le voile qui lui couvre le bas du visage. Guillaume donne la paix au clerc du prêtre qui, avec son bréviaire, la donne à son

1. Les citations de *Flamenca* sont faites d'après la traduction de Jean-Claude Huchet.

tour à Flamenca. Au moment où elle baise le livre [1], Guillaume aperçoit sa belle bouche vermeille.

Revenu dans sa chambre, il s'écrie : « Je me sens blessé en deux endroits : j'ai reçu le coup qui me fait tant souffrir par l'oreille et par l'œil. »

Cette idée que l'influx d'amour se communique grâce aux yeux se trouve déjà chez les peuples primitifs. Quant aux auteurs médiévaux, ils parlent souvent d'une flèche qui pénètre par l'œil et parvient au cœur. « Et Brunissen a soupiré et jeté sur Jaufré un regard si expressif et si doux qu'il descend jusque dans son cœur », lit-on dans le roman de *Jaufré*.

Le mari de Flamenca s'est d'ailleurs épris de son épouse en la voyant : « La vue de Flamenca lui a enflammé sur-le-champ le cœur à l'intérieur du corps d'un feu d'amour arrosé d'une douceur si suave qu'elle lui enclot ce feu à l'intérieur du corps si bien que la chaleur dont il pâtit ne se manifeste ni ne pâtit à l'extérieur ; il brûle à l'intérieur et tremble à l'extérieur. »

Les amants prennent plaisir à se dévorer des yeux. Dans *Érec et Énide* de Chrétien de Troyes, Érec qui va présenter sa fiancée à la cour du roi Arthur est pressé d'y arriver, car il est comblé d'aise :

Il ne peut se rassasier de la contempler :
plus il la contemple, plus elle lui plaît.
Il ne peut se retenir de l'embrasser
il aime à s'approcher d'elle,
il se complaît à la regarder ;
il contemple sans fin sa blonde tête,
ses yeux riants et son front clair,
le nez, le visage et la bouche,
spectacle dont la grande douceur lui touche le cœur.
Il contemple toute sa personne jusqu'à la hanche :
le menton et la gorge blanche,
les flancs et les côtés, les bras et les mains.
Cependant la demoiselle

1. A la patène que l'on baise habituellement, l'auteur substitue un feuillet du psautier.

ne regardait pas le jeune homme
d'un œil moins attentif et d'un cœur moins loyal :
ils s'admiraient à l'envi.
Pour aucune raison ils ne se seraient privés
de se regarder l'un l'autre [1].

Dans un autre de ses romans, *Cligès*, Chrétien de Troyes indique de la façon la plus explicite le rôle de l'œil. Alexandre, amoureux de Soredamor, se désespère, n'osant lui avouer son amour :

« Comment Amour t'a-t-il percé le corps puisque au dehors n'apparaît nulle plaie ? Dis-le moi ! Je veux le savoir. Par où t'a-t-il atteint ?

– Par l'œil.

– Par l'œil ? Pourtant il ne te l'a pas crevé ?

– C'est au cœur que je suis blessé.

– Mais dis-moi, pourquoi et comment le dard t'a-t-il frappé dans l'œil sans le blesser ni le briser ? Si le dard est entré par là, pourquoi souffre le cœur dans la poitrine ? Pourquoi l'œil ne souffre-t-il pas, qui a reçu le premier coup ?

– L'œil est le miroir du cœur et c'est par ce miroir que passe, sans le blesser ni le briser, le feu dont le cœur s'enflamme » (trad. Jean-Pierre Foucher).

Conversation

Il ne suffit pas de contempler l'être aimé. Encore faut-il lui déclarer son amour, donc prendre une initiative, passer de la vision à la conversation, du monologue au dialogue.

Le roman de *Flamenca* permet de retracer un tel cheminement, ici particulièrement complexe. Tout au long des semaines, de mai à août, à raison d'un mot à chaque office, Guillaume fait connaître son amour à la jeune femme qui consent à lui répondre et finit par éprouver les mêmes sentiments.

1. Les citations d'*Érec et Énide* sont faites d'après la traduction de Jean-Marie Fritz.

Le dimanche 7 mai, Guillaume se trouve devant sa dame quand elle baise le psautier. Il lui dit doucement : *Hélas !* Flamenca croit que le jeune chevalier se moque d'elle, car son époux la retient prisonnière. Mais, pense-t-elle, il s'est bien gardé de parler trop haut de peur d'être entendu et il a changé de couleur et poussé un long soupir. Pour connaître ses intentions, sur les conseils de sa suivante Alis, elle décide de répondre par une question : *De quoi te plains-tu ?* En prononçant ces paroles le dimanche suivant, alors que Guillaume lui porte la paix, elle redresse la tête et observe la mine de son ami. Elle se rend compte qu'il est avisé, rusé et discret, qu'il chante bien et qu'il possède de beaux cheveux.

Le dimanche 21 mai, Flamenca n'a pas serré son bandeau comme d'habitude pour mieux entendre prier la paix. Guillaume dit : *Je me meurs*, et s'éloigne rapidement.

Marguerite, autre compagne de Flamenca, lui conseille alors un mot qui s'accorde avec les autres, à savoir *De quoi ?*

Guillaume note bien le mot et se dit : « En me répondant à propos, elle m'a semblé vouloir m'accorder une faveur. Si elle ne me voulait pas du bien, elle n'y aurait pas pensé ; si elle n'y avait pas pensé, elle ne m'aurait rien dit ; j'en déduis donc l'argument suivant : j'occupe ses pensées. »

Le 1er juin, jeudi de l'Ascension, il glisse à sa dame qui l'entend parfaitement *D'amour*, puis se retire.

Le dimanche de la Pentecôte, Flamenca, au moment de prendre la paix, ne tarde pas à demander *Pour qui ?*, ce qui transporte Guillaume d'étonnement.

Le lendemain, elle glisse doucement *Qu'y puis-je ?* Guillaume repart troublé parce que, se dit-il, ce mot d'un côté le réconforte et de l'autre l'effraie, car il ne signifie vraiment ni oui ni non.

Le dimanche 18 juin, Guillaume murmure *Guérir*. Flamenca soucieuse, se demande comment apporter un remède aux maux dont il souffre pour elle. Ses jeunes suivantes lui conseillent alors de demander *Comment ?*, car elles ne savent quelle ruse trouver pour apporter la guérison d'amour.

Le samedi suivant, jour de la Saint-Jean, Flamenca lui dit tout doucement *Comment ?*; peu s'en faut qu'elle n'effleure son doigt du sien en prenant le psautier. Mais nous n'en sommes pas encore aux attouchements.

Le dimanche 25 juin, Guillaume se dirige d'un cœur allégé vers sa dame et en lui donnant la paix lui murmure *Par ruse*. En effet, il a obtenu de ses hôtes qu'ils quittent l'auberge et a fait creuser secrètement un souterrain reliant sa chambre aux bains que son mari permet à Flamenca de fréquenter de temps à autre.

Les jeunes suivantes conseillent à leur maîtresse de répondre *Prends-la cette ruse*.

Le jeudi 29 juin, fête de Saint-Pierre et Saint-Paul, Flamenca assure Guillaume de son amour.

Le premier jour qu'il peut à nouveau parler à sa dame, c'est-à-dire le dimanche 2 juillet, il lui répond : *Je l'ai prise cette ruse*. « Elle s'émerveille de cette parole et le regarde tendrement, si bien que dans ce regard leurs yeux se sont donnés un baiser et leurs cœurs se sont embrassés. »

Le dimanche suivant, Flamenca demande *Et laquelle ?* Huit autres jours s'écoulent et Guillaume répond *Vous irez*, mais il ne précise pas où. Pour cette raison, le jour de la Sainte-Madeleine, le samedi 22 juillet, Flamenca demande *Et où ?*, et, le lendemain, Guillaume répond *Aux bains*.

Dès le mardi 25 juillet, fête de Saint-Jacques-de-Compostelle, la jeune femme s'enquiert : *Quand ?* Le dimanche suivant, il déclare : *Un jour prochain*.

Elle patiente jusqu'au mardi 1er août, fête de Saint-Pierre-aux-Liens, pour dire *Cela me plaît*, « et de sa main gauche elle effleura légèrement la main droite de Guillaume, suivant la loi d'amour, avec discrétion et retourna s'asseoir car elle ne tenait plus sur ses jambes ».

Le mercredi, se plaignant d'être oppressée, elle obtient de son mari la permission d'aller aux bains. Elle s'enferme avec ses suivantes dans la pièce. Mais, leur dit-elle, « n'allez pas croire que je vais me dévêtir ; je ne suis pas venue ici pour me baigner, mais afin de pouvoir m'entretenir avec lui ».

Ainsi, après ces longs préliminaires, les deux amants vont donc pouvoir converser librement. Guillaume, qui a soulevé une dalle de terre et pénétré ainsi dans les bains, déclare sa flamme à la jeune femme qui lui répond : « Je vous trouve si beau, si élégant, si courtois, si habile que grâce à Parfait Amour vous avez légitimement gagné mon cœur depuis longtemps. Voici maintenant le corps, venu ici pour satisfaire votre plaisir. »

Mais revenons aux paroles avant de passer aux actes.

André le Chapelain enseigne que l'on dispose de cinq atouts pour se faire aimer : un beau physique, une excellente moralité, une extrême facilité d'élocution, une grande richesse et la promptitude avec laquelle on cède à nos désirs. Mais, ajoute-t-il, seuls les trois premiers moyens permettent d'obtenir l'amour. Et il n'y a que l'excellence des mœurs qui soit capitale. La volubilité ne favorise pas toujours l'amour, car le beau parleur fait croire à tort qu'il possède de nombreuses vertus. Et l'auteur de consacrer de longs passages à des dialogues imaginaires entre femmes et hommes de différentes catégories sociales. Prenons l'exemple d'un roturier abordant une femme de même condition. Il commence par la saluer mais, les amants ne devant pas parler immédiatement d'amour, il doit laisser s'écouler quelque temps afin que la femme, si elle le souhaite, s'exprime la première. Si elle agit ainsi, l'homme peut se réjouir, car elle lui fournit matière pour continuer l'entretien. En effet, beaucoup d'hommes restent interdits dans de telles situations et oublient les phrases qu'ils ont soigneusement préparées.

Si la femme tarde trop à entamer la conversation, il faut commencer à lui parler. D'abord en tenant des propos sans rapport avec le sujet, en faisant notamment l'éloge de sa région natale, de sa famille, d'elle-même car les femmes ont généralement plaisir à s'entendre complimenter.

Et la conversation peut ainsi se dérouler, l'homme essayant de persuader la femme que nulle plus qu'elle n'est capable d'inspirer l'amour, celle-ci se défendant – ou feignant de se défendre – de posséder toutes les qualités qu'il lui prête.

André le Chapelain passe en revue les situations extrêmes : la vieillesse – « Si tu es quelque peu sage, mon grand âge doit jouer en ma faveur pour obtenir ton amour : pendant une aussi longue vie, j'ai réalisé bien des choses dignes d'éloges » ; une trop grande jeunesse – « Il convient en effet que quelqu'un qui ignore tout de l'amour entre au service d'une femme dont les connaissances puissent dissimuler l'inexpérience de sa jeunesse. »

Mais lors d'un tel traité, la conversation n'est qu'un jeu subtil. Les œuvres littéraires font de la déclaration d'amour un moment parfois pénible. La timidité constitue le lot des deux sexes. Dans *Cligès* de Chrétien de Troyes, Soredamor craint de se déclarer « Amour lui a chauffé un bain qui la brûle et la tourmente. Tantôt ce lui est un plaisir et tantôt ce lui est douleur. » Passe encore ; il s'agit d'une jeune fille montrant la retenue qui sied à son sexe. Mais Alexandre ! « Celle à qui il songe le plus, il n'a l'audace de lui dire une seule parole. »

Les amoureux finissent cependant par abandonner leur mutisme. A l'instar d'Ovide qui conseillait aux soupirants de lancer des œillades à leurs belles, certains commencent par communiquer à l'aide de signes. Pour pallier la timidité, des chemins de traverse sont parfois utilisés. Dans le roman de *Cligès*, Fenice essaie d'amener celui qu'elle aime à se déclarer, en lui demandant tout d'abord s'il a une amie en Angleterre. Le héros n'ose pas lui avouer son amour et explique de façon équivoque : « Madame il est vrai que j'ai aimé là-bas. Mais rien n'ai aimé qui fût de là-bas. Comme l'écorce sans aubier, mon corps sans cœur fut en Bretagne ! » En séparant le cœur du corps, Cligès peut surmonter quelque peu sa timidité. Il interroge Fenice : « Et vous, qu'en a-t-il donc été de vous depuis qu'en ce pays vous êtes venue ? » Celle-ci alors de filer la métaphore. « Sur moi il n'est plus que l'écorce. Je vis sans cœur et suis sans cœur. Jamais je ne fus en Bretagne et pourtant mon cœur y a fait je ne sais quelles entreprises. »

Et les deux héros de se convaincre de leur mutuel amour.

« Madame, nos deux cœurs sont donc ici avec vous, à ce que vous dites, car le mien est vôtre entièrement.

– Ami, vous avez le mien tant nous nous convenons l'un l'autre.

Joyeuse il la laissa, joyeux il s'en va. »

Plaisir de se dire son amour. Mais les choses n'en restent pas là.

Attouchements et doux baisers

Dans l'amour courtois – les auteurs médiévaux emploient non pas ce terme qui date du siècle dernier, mais celui de *fin' amors* –, le service d'amour comporte quatre degrés : le « soupirant » qui aime en secret devient « suppliant » une fois que la dame lui a adressé un regard. Celle-ci peut en faire un amant « agréé », avant qu'il ne devienne un amant « charnel » éventuellement. Quand la dame consent à faire du suppliant son ami, une cérémonie intime institutionnalise le fait. Mains jointes et à genoux, l'amoureux se proclame l'homme lige de la dame c'est-à-dire, à l'instar du système féodal, qu'il n'aura pas d'autre seigneur en amour. Elle lui accorde alors un baiser qui scelle le serment. « Par un doux baiser, elle me donne ce qui fait mon bonheur », écrit Bernart Marti vers le milieu du XIIe siècle.

Mais entre le baiser et le « fait » (l'acte sexuel) qui doit normalement ne jamais se produire, se situent parfois dans l'érotique provençale d'autres récompenses, à savoir la contemplation de la dame nue et l'épreuve d'amour, ou *asag*, qui ne sont pas obligatoirement liées.

Les troubadours timides se bornent parfois à rêver du corps dévêtu de la dame. D'autres aspirent à le contempler. Arnaud de Mareuil exprime le désir d'être « là où sa dame se déshabille, car c'est un grand honneur qu'elle lui ferait ». Et Bernard de Vendatour nous permet d'imaginer un déshabillage plus ou moins poussé. « Ce sera grand tort si elle ne m'appelle dans sa chambre, en sorte qu'à son ordre je sois près d'elle contre le bord du lit, et qu'à genoux, humblement, je lui retire ses souliers bien chaussants, s'il lui plaît de me tendre le pied. »

L'amant doit pouvoir dans un tel contexte effleurer le

corps de son amie, sous réserve de montrer de la discrétion. Généralement les choses en restent là, à moins que la dame ne l'autorise à lui prouver sa passion lors de l'asag.

Dans la pièce où il est venu la rejoindre, Flamenca enlace Guillaume de ses bras, lui donne un baiser et doucement se colle à lui. Guillaume agit de même. Puis il l'invite à venir dans sa chambre, plus confortable.

« Lorsque Flamenca sut qui était Guillaume, une joie si grande se répandit dans son cœur qu'elle s'abandonna entièrement à lui. Elle se pend à son cou, l'embrasse avec fougue, ne s'inquiète de rien d'autre que de bien le servir, de lui donner des baisers, de lui faire un charmant accueil et de se soumettre aux volontés d'Amour. Les yeux, la bouche et les mains ne chôment pas ; ils s'étreignent et s'embrassent, aucun des deux ne cherche à feindre, le contraire empêcherait l'accomplissement de leur joie. Chacun s'efforce de récompenser le mal lancinant et le long désir qu'ils ont souffert l'un pour l'autre. Grâce à Amour ni l'un ni l'autre n'y perd ; il les invite et les incite à accomplir tout ce qui leur fait plaisir ; ils se comportent en véritables amants. Amour éprend, enflamme leur cœur et leur donne tant de plaisir qu'ils en oublient tous les tourments subis jusqu'alors...

« Guillaume ne se montra pas aussi convoiteur en paroles qu'un clerc, car il ne demanda ni ne réclama rien d'autre que ce que sa Dame, qui n'étais pas lente à lui faire plaisir, lui offrait. Elle lui prodigua plus d'honneurs et de faveurs que ne l'eût fait Merci en personne, laquelle, à ce qu'il me semble, est la maîtresse de la distribution des faveurs. Amour leur fournit tant de plaisir qu'il ne fut pas question de coucher ensemble, il les reput uniquement ce jour-là de baisers, d'enlacements, d'étreintes, de caresses et d'autres jeux qu'Amour fait la grâce de révéler à ceux en qui il reconnaît un sentiment pur. »

L'asag de l'amour courtois théorique correspond au rapport sexuel de l'amour chevaleresque. Il permet à la dame de constater que son ami l'aime de cœur et ne la considère pas seulement comme un objet, car celui-ci qui repose nu à côté d'elle – également nue – est lié par un serment de ne rien faire contre la volonté de la maîtresse du jeu.

Dans le texte cité plus haut de *Flamenca*, les deux héros se révèlent apparemment de parfaits amants parce qu'ils se donnent tous les plaisirs, sauf celui de l'acte proprement dit.

Quelles que soient les motivations de l'asag, celui-ci constitue un élément en faveur de l'amour spirituel. Un hommage qui suppose chez les amants une entente sentimentale sans laquelle tout rapport sexuel ne serait que brutale sensualité.

Dans l'érotique de la France du Nord, le baiser ne constitue pas généralement un aboutissement. Bien que le don total de la dame apparaisse assez fréquent, il arrive parfois que les amants restent étendus bouche à bouche, tels Perceval et Blanchefleur, sans passer à l'acte. Chrétien de Troyes dans le *Conte du Graal* les dépeint ainsi :

Il l'a introduite sous la couverture,
avec douceur et plein d'attentions.
La jeune fille souffre ses baisers,
je ne crois pas que cela lui déplaise.
Ils sont ainsi restés toute la nuit,
étendus l'un contre l'autre, bouche contre bouche,
jusqu'au matin, à l'approche du jour.
De cette nuit, elle a tiré un réconfort :
bouche contre bouche, dans les bras l'un de l'autre,
ils ont dormi jusqu'à l'aube [1].

L'amour courtois du nord comporte également un rituel de baiser qui ne ressemble pas nécessairement à l'hommage vassalique. Ainsi dans le *Lancelot* en prose. Le héros et Guenièvre s'unissent un soir dans un pré devant Galehot, chevalier géant ami de Lancelot. Ce dernier demande à la reine de donner un baiser au héros. Comme elle hésite en raison de la présence d'autres personnes, ils s'éloignent et font semblant de discuter. La reine voyant que le chevalier n'ose aller de l'avant le prend par le men-

1. Traduction Ch. Méla.

ton et lui donne un long baiser. Cette scène fait penser plus à un mariage qu'à un hommage vassalique. D'ailleurs les miniatures qui la représentent montrent non pas le chevalier agenouillé devant sa dame, mais assis près d'elle lorsqu'il reçoit le baiser.

Le baiser n'est pas un geste anodin.

Oh, oui, personne n'irait jamais croire
qu'il lui a pris ce baiser sans lui faire plus,
car une chose entraîne l'autre.
Qui embrasse femme et ne fait pas plus,
quand ils sont tous les deux seul à seule,
c'est lui, à mon avis, qui est en reste!
Femme qui abandonne sa bouche
accorde sans peine ce qui vient de surcroît,
si on le veut sérieusement.

déclare dans le *Conte du Graal* l'Orgueilleux de la Lande, ami d'une jeune fille que Perceval a embrassée de force. Il ne peut croire que leurs étreintes en soient restées là. La *Clef d'amors* écrite vers 1280, indique à l'amant que « le baiser est le parent du surplus et qu'il en est le message ».

Ce plaisir que fournit le baiser, Jeunesse et son ami l'expriment pleinement dans le *Roman de la Rose*. « Son ami était si familier avec elle qu'il l'embrassait chaque fois que cela lui faisait plaisir, au vu de tous les danseurs de la carole; en effet, même s'ils avaient fait jaser, ils n'en auraient eu aucune honte et on aurait pu les voir échanger les baisers comme deux tourtereaux. »

La plupart des romanciers évitent de s'appesantir sur les *deduits* (plaisirs) sensuels. Toutefois, dans l'*Escoufle*, Jean Renart décrit ainsi les baisers qu'échangent Aélis et Guillaume :

Parce que les baisers lui plaisent,
elle ouvre tant sa belle bouche
que les deux langues se touchent,
malgré les dents blanches et serrées

qu'amour a si desserrées
qu'ils ne peuvent se mordre.

Même si Robert de Blois conseille aux femmes de ne pas accepter qu'on leur mette la main au sein – seul le mari a ce droit –, de telles recommandations ne semblent pas toujours suivies. Dans l'*Escoufle*, lorsque l'empereur défend à Guillaume de pénétrer dans la chambre de sa fille, le héros réplique qu'il s'est toujours montré d'une conduite irréprochable à l'égard d'Aélis. Belles paroles sans fondement ! La jeune fille, en effet, se dit à elle-même :

Ah, Guillaume, bel ami,
tant de fois vous avez mis
vos belles mains qui sont si blanches
à ce beau ventre et à ces hanches
et tâté mon corps en tous sens.

Dans le *Livre d'Artus*, le héros caresse une pucelle complaisante : « Il lui met sa main sur les seins et sur le ventre et lui tâte la chair qu'elle avait tendre et blanche. »

Certaines dames aimeraient bien d'ailleurs passer à l'acte. Dans *Athis et Prophilias*, lorsque sont terminés les jeux où ont brillé les deux amis, les spectatrices rêvent d'avoir l'un d'entre eux dans leur lit.

Dans quelle mesure la littérature, reflet d'un imaginaire, correspond-elle à une réalité où les moments précédant le mariage n'ont pas pour motivation le plaisir mais généralement des considérations économiques, notamment pour les classes sociales les plus élevées ?

Les amants de la réalité

Le coup de foudre n'est pas seulement un artifice littéraire. Un argument *a contrario* nous est fourni par les *Registres* de Jacques Fournier, évêque de Pamiers, qui en

1320 déploya à Montaillou, petit village de Haute-Ariège, ses dons inquisitoriaux. « J'ai épousé Arnaud Belot qui était très pauvre et qui ne possédait pas de qualification artisanale ; et pourtant je n'avais même pas eu de coup de foudre pour lui au préalable ! » s'exclame Raymonde d'Argelliers – il est notable que cette déclaration provienne d'une femme.

A la fin du Moyen Âge tout au moins, le mariage n'a lieu que rarement contre la volonté des conjoints, voire contre celle de l'un d'entre eux. Certes parents et amis autorisent l'union, mais les documents judiciaires ne mentionnent guère d'opposition. Pourquoi ? Acceptation de la volonté familiale ou accord entre devoir et sentiments ? La seconde hypothèse paraît la plus plausible. En effet, la déclaration d'amour se manifeste à maintes reprises, non pas dans l'intimité, mais en public, ce qui engage bien davantage.

Jeunes hommes et jeunes filles dans les villages ont l'habitude de se rencontrer lors des festivités tout au long de l'année. Ils dansent ensemble, en particulier la carole, marche solennelle que l'on exécute aux fêtes populaires, mais aussi aristocratiques, et qui est accompagnée de chansons à refrain. Pour ce faire ils forment une chaîne, une ronde ou plus souvent un cortège et marchent avec solennité deux par deux ou trois par trois. Les villageois aiment beaucoup caroler autour des arbres et des fontaines.

Le 1er mai les garçons *esmayent*, c'est-à-dire déposent des branches d'arbre devant la porte des filles de leur village. Aveu proclamé devant tous de serments échangés en secret. Deux jeunes de Buchy qui affirment être encore sous la tutelle paternelle rencontrent néanmoins deux jeunes filles à la veille de mai, « lesquelles ils aimaient par amour ». Pour leur faire plaisir, ils leur demandent si le lendemain, premier dimanche de mai, ils peuvent leur porter à chacune une branche de mai ; elles acceptent. Ainsi le lendemain matin chacun sait quelle jeune fille a un amoureux ; il n'est pas nécessaire d'attendre les fiançailles. « Le " plaisir " de la jeune fille, ainsi que l'écrit

Claude Gauvard, s'accommode d'un rituel qui n'étouffe pas obligatoirement la délicatesse des sentiments. »

Ceux-ci, déclarés, peuvent engendrer des querelles qui mettent surtout aux prises les jeunes gens. Un suppliant ayant reçu en gage une courroie d'une jeune fille « qu'il aime par amour » doit affronter un rival, furieux d'avoir été évincé. L'affaire se termine par un coup de couteau dans la rue.

Les garçons font la cour à celles qu'ils aiment. Jean Guéret rencontre Alisson chez une amie ; « surpris et ravi d'amour », par des paroles et des gestes tendres, il essaie de se déclarer et « lui dit tout en riant et à voix basse qu'il la peignerait bien ». Toucher aux cheveux d'une jeune fille constitue un acte amoureux audacieux – ainsi le fait que Jeanne, fille de Pierre Hemery, à Regnaul d'Azincourt, ait donné au suppliant un bout de la cornette de son chaperon constitue un élément susceptible d'expliquer le rapt envisagé par le jeune homme. Pour en revenir à Jean, il continue à jouer avec Alisson et un étourneau. Finalement la jeune fille s'assied sur ses genoux. Dans une étable, Nicaise le Caron veut déclarer son amour à Margot qui donne à boire à des veaux. N'osant parler, il la prend par le bras. Elle comprend immédiatement et lui dit : « Laisse-moi aller, je veux bien. »

Rapt et amour ne sont pas incompatibles. D'ailleurs le fait d'invoquer le sentiment qu'il porte à la jeune fille constitue un élément favorable pour le ravisseur. Ainsi Méline, fille de Gilet de Jorey, a promis de venir à un rendez-vous : « Elle viendrait à n'importe quelle heure, si elle pouvait quitter la maison et partirait avec lui où il voudrait. » Le ravisseur, au début de l'aventure, l'accueille ainsi : « Ma douce amie, soyez la bienvenue. »

Le rapt est plutôt le fait de l'aristocratie. Mais Jean et Jeanne sont de simples laboureurs. Tous deux, d'un commun accord, « ont eu secrètement ensemble certaine promesse de mariage sans le sceau ni le consentement du père de Jeanne ni d'aucune autre personne ». De sorte que Jean l'enlève car il ne peut en conscience contracter mariage avec une autre femme tant que Jeanne vivra et redoute que son père ne la marie rapidement à quelqu'un d'autre. Promesse, crainte de perdre l'être aimé, rapt et union. L'amour ne paraît pas incompatible avec le mariage.

L'amour ne se limite donc pas aux relations extra-conjugales, mais il convient de distinguer la « folle amour » qui se situe hors de l'union bénie par le prêtre et le « bon et vrai amour en espérance de mariage ». Les deux formules apparaissent à maintes reprises. Le premier se cache et les « douces paroles, secrètes et flatteuses », ont seulement pour but de convaincre la jeune fille de procurer du plaisir à son partenaire masculin. Le second amène l'union conjugale qui permettra au couple de s'entraimer toute la vie.

2

L'acte lui-même

Que savent les médecins [1] ?

Anatomie et physiologie

La dissection de cadavres humains est utilisée par les médecins de l'école bolognaise à la fin du XIIIe siècle. Elle leur permet de décrire de façon plus exacte les organes génitaux. En effet, au cours du haut Moyen Âge, les écoles monastiques ne se sont guère préoccupées de gynécologie et d'obstétrique et, jusqu'à la fin du XIe siècle, l'Occident n'a connu qu'un traité de gynécologie, celui de Muscio, texte abrégé et traduit en latin au VIe siècle d'après l'œuvre de Soranus d'Éphèse.

Au XVe siècle, selon Jacques Despars, il y a des glandes situées à la racine de la verge qui engendrent une humidité ; celle-ci, semblable à la salive, augmente le plaisir lors de l'acte sexuel.

Les organes féminins, notamment externes, ne sont plus oubliés, encore que leur description reste souvent bien imprécise. Ainsi le clitoris dont certains ne font pas mention alors que d'autres en parlent de façon maladroite. Toutefois les médecins ne paraissent pas complètement ignorer la sensibilité féminine. Selon Pietro

1. Ces pages doivent beaucoup à l'excellent ouvrage de Danielle Jacquart et Claude Thomasset, *Sexualité et Savoir médical au Moyen Âge*, auquel on se reportera pour de plus amples renseignements.

d'Abano, les femmes sont incitées au désir par le frottement de l'orifice supérieur vers le pubis. Le plaisir qui émane de cette partie peut en effet se comparer à celui qui provient de l'extrémité de la verge. Mais c'est seulement lors de la Renaissance que Gabriel Fallope met en évidence le lien entre le clitoris et un plaisir spécifique du sexe féminin.

De l'anatomie passons à la physiologie.

Selon Guillaume de Conches, au XIIe siècle, pour devenir enceinte une femme doit éprouver du plaisir, car celui-ci permet l'émission de sa semence, donc la fécondation. D'ailleurs les prostituées qui vendent leur corps pour de l'argent et n'éprouvent aucun plaisir durant l'acte n'ont pas d'émission et ne conçoivent pas.

On peut objecter que les femmes violées ne devraient pas concevoir. Mais pessimiste quant à la nature humaine, voire quelque peu cynique, Guillaume rétorque : « Quoique dans le viol l'acte déplaise à son début, à la fin, la faiblesse de la chair aidant, il n'est pas sans agrément. » Or l'enseignement de Guillaume de Conches qui découle des idées du médecin grec Galien (vers 131-vers 201) sur le sperme féminin a connu une grande diffusion à la fin du Moyen Âge.

Les partisans de la doctrine d'Aristote réduisent, eux, le rôle du sperme féminin dans la formation de l'embryon. Selon Gilles de Rome, à la fin du XIIIe siècle, une femme peut être fécondée à la suite d'un coït interrompu et sans avoir connu l'orgasme. De sorte que le plaisir féminin n'est pas indispensable pour concevoir, puisque la vulve est capable d'attirer le sperme en dehors même du coït : le médecin et philosophe arabe Averroès (XIIe siècle) ne rapporte-t-il pas qu'une de ses voisines a été rendue enceinte par l'eau du bain dans lequel un homme avait répandu son sperme !

Une conséquence importante se dégage de ces propos. Si l'émission de la semence féminine est négligeable, le plaisir est provoqué par la seule réception du sperme masculin. De sorte que l'homme n'a plus à se préoccuper du plaisir de sa partenaire.

Pour le savant dominicain Albert le Grand (1206-1280), le lien entre plaisir et fécondité n'apparaît pas évident. Beaucoup de femmes expertes, d'ailleurs, lui ont rapporté n'avoir éprouvé aucune jouissance en concevant. Il signale que les rêves érotiques peuvent provoquer une émission et entraîner du plaisir, même si ce dernier n'a pas été recherché. Pour que la femme tombe enceinte il suffit donc, écrit-il, que la matrice attire l'humeur après l'émission et la conserve jusqu'à la conception qui peut alors survenir sans nouvelle émission, donc sans plaisir.

A la différence des clercs, les médecins voient avant tout dans le coït un élément déterminant pour la santé. Selon un auteur anonyme du XIIIe siècle, beaucoup d'hommes souhaitent le coït pour éprouver du plaisir, et fort peu pour engendrer des fils.

Les médecins travaillent surtout à partir de la physiologie masculine. Érection et éjaculation se produisent, pense-t-on, sous l'effet d'une ventosité, d'un souffle. Selon Galien, de qui se réclament bon nombre de médecins médiévaux, il s'opère quelque chose de semblable à ce qui arrive souvent par suite de l'amas sous la peau d'une humeur mordicante dont le mouvement excite une agréable démangeaison. « Si de plus ces parties ont été douées par la nature d'une sensibilité bien supérieure à la peau en vue de la même utilité, il ne faut plus s'étonner de la vive jouissance dont ces parties sont le siège, ni du désir précurseur de cette jouissance. » Et de justifier ce plaisir de la manière suivante. L'homme n'étant pas parfaitement sage s'est vu attribuer par la nature une stimulation pour propager l'espèce. Bien des auteurs médiévaux, tel Constantin l'Africain au XIe siècle, font leur cet argument, en ajoutant fréquemment que la jouissance permet de vaincre le dégoût éprouvé par l'utilisation d'organes honteux.

Le fait de constater que les deux sexes réagissent différemment amène les lettrés à s'interroger sur l'aspect psychologique du plaisir sexuel. Pourquoi la femme, de nature plus froide et plus humide que l'homme, manifeste-t-elle un désir plus ardent? Le bois humide s'enflamme plus difficilement, mais il brûle plus longtemps, peut-on rétorquer. La doctrine d'Aristote permet une autre réponse. L'excès d'humidité, la passivité de la femme la rendent toujours prête pour le coït ; celui-ci la laisse fatiguée, mais non rassasiée. A partir du XIIIe siècle s'ajoute une précision : le plaisir féminin est plus grand en quantité, mais plus réduit en qualité et en intensité. Et le plaisir, souvenir d'un plaisir éprouvé, explique pourquoi la femme fécondée, à la différence des animaux, recherche de nouveau les rapports sexuels.

Le Moyen Âge a tenté de montrer les liens qui unissent le physique et le mental. Ainsi dans le cas de la maladie appelée « amour héroïque ». Selon Arnaud de Villeneuve, illustre médecin catalan du XIIIe siècle et du début du XIVe siècle, la vision de l'objet engendre un plaisir ; si la vertu estimative, située dans le ventricule médian du cerveau, pense que ce plaisir est très intense, la vertu imaginative et la mémoire, placées dans les ventricules antérieur et postérieur, retiennent les impressions et les intentions de la vertu estimative. Une obsession amoureuse apparaît lorsque le sujet estime que le plaisir constitue le seul but à atteindre. Un amour trop intense a égaré son jugement. L'acte sexuel constitue le meilleur moyen de lutter contre une telle maladie.

Technique amoureuse [1]

Alors que dans l'érotique courtoise l'acte est théoriquement interdit malgré des préludes poussés, le médecin voit en celui-ci un aboutissement normal. Son discours est

1. Remarquons que le *Kāma-sūtra*, traité des règles de l'amour – écrit en sanskrit par Vātsyāyana –, date d'une époque correspondant à notre haut Moyen Âge. L'ouvrage, malgré son caractère érotique, fait partie de la littérature religieuse de l'Inde. Après avoir notamment étudié les caresses et mignardises qui précèdent ou accompagnent l'acte sexuel – les embrassements qui attestent un amour réciproque sont de quatre sortes : il s'agit du toucher, de la pénétration, du frottement ou de la friction, de la passion –, il indique les différentes manières de se tenir et d'agir au cour de l'union. Un chapitre est consacré aux attitudes qui ont pour but unique la volupté. En voici la conclusion. « L'homme ingénieux multiplie les modes d'union en imitant les quadrupèdes et

érigé en système essentiellement à partir du XIe siècle, les périodes ultérieures se bornant à le compléter.

Nombre de traités d'origine arabe sont consacrés surtout à l'hygiène sexuelle. Néanmoins, des auteurs contribuent à la mise en place d'un art érotique. Pour l'un, certaines lesbiennes, en raison de blessures, ne conviennent qu'aux impuissants ; il distingue donc bien plaisirs clitoridien et vaginal. Un autre recommande pour exciter une jeune fille de jouer avec ses seins, car son flux séminal se trouve au-dessous des clavicules qui sont en relation avec la poitrine. Un troisième critique les hommes qui privent leur femme de plaisir par une éjaculation précoce ou un retrait trop rapide du membre viril. Tirer sur les cheveux lors de l'orgasme augmente la volupté. Et l'auteur de décrire de façon détaillée les positions aptes à faciliter cette pratique.

Ces ouvrages des XIIe-XIVe siècles ont pour but d'instruire les non-initiés.

En Occident, les *Secrets des femmes* comportent, en dehors des informations habituelles sur le sperme et les menstrues, un traité d'embryologie. Le plaisir y est par accident mentionné : « Quand la femme a des rapports avec l'homme, alors à cause de l'intensité du plaisir qu'elle éprouve, parce que la verge de l'homme en érection frotte et met en mouvement les nerfs et les veines en état d'excitation, alors la vulve en se dilatant émet du sang menstruel et c'est l'acte sexuel considéré comme naturel, puisque c'est le coït naturel. » Si l'on s'en tient à ce texte, le plaisir féminin dépend entièrement du membre viril.

Il ne semble pas que les traités arabes évoqués ci-dessus aient été connus en Occident, mais leurs sources en revanche l'étaient. Et tout d'abord le *Canon* d'Avicenne qui connut une grande diffusion dans les milieux universitaires et médicaux dès le début du XIIIe siècle. Les médecins, même lorsqu'ils n'accordent au sperme féminin

les oiseaux ; car ces différents modes pratiqués suivant l'usage de chaque pays et les goûts de chaque personne inspirent aux femmes l'amour, l'amitié et le respect. » Nous sommes loin de Burchard, évêque de Worms, qui, au début du XIe siècle, stigmatise l'union sexuelle avec pénétration par-derrière « à la manière des chiens ».

qu'un rôle secondaire, estiment qu'un lien existe entre fécondation et émission féminine.

Pour rendre plus plaisants les rapports sexuels, Avicenne donne tous conseils utiles : « Que les hommes prolongent le jeu avec les femmes dont la complexion n'est pas mauvaise. Qu'ils caressent les seins et la région pubienne, et qu'ils enlacent leur partenaire sans véritable accomplissement. Et quand ils sont parvenus au désir, qu'ils se joignent à elle en frottant la région qui se trouve entre l'anus et la vulve. C'est en effet le lieu du plaisir. Qu'ils soient attentifs au moment où se manifeste une plus forte adhésion de la femme, où ses yeux commencent à rougir, sa respiration à s'intensifier et qu'elle se met à balbutier. »

Ce passage est redonné presque intégralement par Bernard de Gordon dans le *Lys de la médecine*, entrepris en 1303. Un peu plus tard, Jean de Gaddesden, dans la *Rose anglaise*, ajoute quelques détails qui témoignent d'une certaine reconnaissance des zones érogènes féminines – en dehors du clitoris. Il préconise même, si la femme n'a pas éprouvé de plaisir lors d'une première tentative, une initiative de sa part. Que l'homme se place sur le dos, ce qui favorise l'érection, et que par ses gestes elle entreprenne d'éveiller son désir.

Au XVe siècle, Michel Savonarole, après avoir lui aussi repris le texte avicennien en y faisant quelques ajouts, conseille de ne pas se presser, mais de faire durer le plaisir.

Le problème du sperme féminin fournit aux médecins l'occasion de traiter du plaisir partagé. Toutefois, s'ils mentionnent certaines techniques, ils excluent de leur discours la question des positions.

Que disent les auteurs ?

Si l'on en croit André le Chapelain, la recherche du plaisir ne saurait concerner véritablement les paysans : ils sont, dit-il, tout naturellement conduits à accomplir les œuvres de Vénus comme le cheval et le mulet, suivant l'instinct de nature. Les travaux de la terre et les plaisirs du labour et du binage leur suffisent.

Le noble, lui, a le droit de jouir : si l'amour d'une paysanne l'attire, qu'il n'hésite pas à la posséder de force, car elle serait bien capable de lui refuser les plaisirs qu'il attend d'elle.

Il n'empêche que Robin et Marion, dans cette ballade d'Eustache Deschamps, paraissent connaître les jeux amoureux, présentés de façon audacieuse lorsque l'on décrypte ce poème.

Or apprenez-moi, mon doux ami,
cet art. Alors il la touche et prend ses mesures.
Les pages de son livre ouvrit ;
sa plume y bouta raide et dure.
Elle cria un peu, mais elle endure.
Et lui commence à jouer :
un, deux, trois et à redoubler.

. . . .

Marion qui bien s'entendit
à solfier mit cœur et soin.
Quand elle sentit la douceur de l'art
qui du livre fit l'ouverture,
elle se pâma et revint sur lui.
alors que Robin voulait se retirer.

Fantaisie érotique de lettré à qui l'on ne peut demander un témoignage authentique sur les amours paysannes.

Revenons donc à des catégories sociales de condition plus relevée. Dans les pays d'oil, les amants n'hésitent pas à passer à l'acte. A la différence des troubadours prônant le pur amour, les trouvères du Nord démontrent que l'amour courtois n'a souvent rien de platonique. Ainsi Lancelot connaît-il charnellement la reine Guenièvre dans le *Chevalier à la charrette*, une fois sa mission terminée.

Après avoir descellé les barreaux de la chambre de la reine, il s'avance doucement jusqu'à son lit. Elle l'y attire et lui fait le plus bel accueil. « Alors leur jeu est si doux, si bon du baiser et de la caresse qu'il leur arriva sans mentir une joie et une merveille telle que jamais encore on n'en entendit ou n'en vit de pareille. Mais toujours par moi sera tue parce qu'en un conte elle ne doit pas être dite. Oui, le conte nous tait et cache de toutes les joies la plus exquise et la plus délicieuse. »

Chrétien de Troyes se montre tout aussi réservé dans sa description du plaisir que se donnent les époux Érec et Énide :

Il allait vivre en amoureux auprès de sa
[femme,
il en fit son amie et son amante.
Il n'avait plus en son cœur que le désir
de l'embrasser et de la couvrir de baisers :
il ne cherchait plus d'autre plaisir...
Il était souvent midi passé
qu'il n'était pas encore levé d'auprès d'elle.

Érec est d'ailleurs tellement occupé par son amour qu'il en oublie ses devoirs de chevalier.

Dans un registre tout opposé, les fabliaux insistent sur l'aspect sexuel. Dans *Trubert*, le héros couche avec Rosette qui le caresse :

Elle le [le vit [1]*] tient au milieu de l'échine :*
il lève la tête et elle en rit;
elle l'a mis à l'entrée du con,
l'y pointant le plus droit qu'elle peut,
et Trubert ne fait pas le gracieux :
il le lui plante tout entier dedans...
Chacun eut sa part de plaisir à foison;
ils ne dormirent absolument pas de la nuit.

Dans *Celle qui fut foutue et défoutue pour une grue* :

Le jeune homme ne tarde pas davantage,
il embrasse la demoiselle
qui n'avait pas l'air d'être malheureuse.

1. Membre viril.

Il la couche sur le lit
et lui soulève la chemise.
Il lui lève les jambes,
ne manque pas de trouver le con,
et y pousse rudement son vit [1].

Le plaisir physique, au-delà de considérations concrètes, n'est pas sans susciter des réflexions. La seconde partie du *Roman de la Rose* fournit des éléments de réponse. Guillaume de Lorris, le premier auteur, a entrepris de rapporter un songe. Un jeune homme de vingt ans, en même temps narrateur et personnage, rêve, se met en route pour cueillir une rose placée dans un verger paradisiaque. Donc invitation au désir et à l'amour. Guillaume de Lorris narre cette quête dans un registre courtois. Son œuvre s'arrête brutalement au point qu'une conclusion anonyme y a été adjointe, relatant la cueillette de la rose : « Nous avons connu là de grands plaisirs : notre lit fut d'herbes fraîches, et nous fûmes couverts de belles roses de rosiers et de baisers. Nous avons passé toute cette nuit au milieu de grandes joies et de grands plaisirs. La nuit me parut fort courte. »

Jean de Meun esquisse une philosophie d'une tout autre ampleur dans la deuxième partie écrite entre 1275 et 1280, au moment où se déroulent à la faculté des arts de Paris de grandes discussions qui ne se situent pas seulement sur le plan intellectuel mais remettent le dogme lui-même en question. D'aucuns pensent que le bonheur n'existe qu'en ce monde, que la mort est une fin et que la fornication ne constitue pas un péché. Dans ces conditions, le droit au plaisir est prôné d'autant plus que cette atmosphère réduit à néant le sentiment de culpabilité. Il n'est donc pas étonnant que, selon l'expression de Martin le Franc, Jean de Meun se comporte avec le bouton de rose « comme un ivrogne plein de cervoise ».

L'homme a pour mission de trouver la femme, de lui révéler le plaisir amoureux et de la faire ainsi naître à la sensualité.

1. Traduction Luciano Rossi.

Selon Raison, comme l'être humain est corruptible, pour conserver l'espèce, « Nature a mis du plaisir à la chose, c'est pour cela qu'elle veut qu'on y prenne son plaisir : c'est pour que ces ouvriers ne la fuient pas et qu'ils ne prennent pas en haine cet ouvrage, car il y en a beaucoup qui ne tireraient pas un seul coup s'il n'y avait le plaisir pour les attirer ».

Celui qui recherche le plaisir se comporte comme un sot, ajoute cependant Raison, car la volupté engendre tous les maux. Et la jeunesse précipite l'homme dans la débauche. Ces propos constituent un lieu commun chez les écrivains de l'Antiquité ; la solution proposée, le renoncement, elle, est chrétienne. Toutefois la pensée est plus subtile : le plaisir ne rend esclaves que ceux qui le considèrent comme une fin en soi. La volupté est nécessaire dans l'ordre du monde. Aussi celui qui veut jouir de l'amour de manière certaine doit-il en rechercher le fruit, homme ou femme ; pour ce qui est du plaisir, personne ne doit renoncer à sa part.

Ami, fort de son expérience, donne des conseils à l'amoureux sur l'art de plaire. « A bien aimer, trouvez votre plaisir ; servez loyalement le dieu d'amour nuit et jour, sans cesse. » Plus loin, la Vieille conseille à la femme de rechercher le plaisir d'amour durant sa jeunesse, avant qu'il ne soit trop tard.

Et d'ajouter : « ... et quand ils se seront mis à l'œuvre, que chacun d'eux fasse la besogne si habilement et avec une précision telle, qu'immanquablement le plaisir vienne au même moment pour l'un comme pour l'autre, avant que l'acte de chair ne soit mené jusqu'au point où l'on se sépare, et il faut qu'ils s'attendent l'un l'autre pour atteindre ensemble le but. Il ne faut pas que l'un laisse l'autre derrière : ils ne doivent pas cesser de naviguer jusqu'à ce qu'ils touchent ensemble au port ; c'est alors qu'ils connaîtront un plaisir complet. Et si elle n'y éprouve pas de plaisir, elle doit faire semblant d'en avoir intensément et qu'elle en simule et présente tous les signes qu'elle sent appropriés pour la volupté, de telle sorte que l'homme s'imagine qu'elle trouve plaisir à ce qu'elle n'apprécie pas la valeur d'une châtaigne. »

Pour la plupart des auteurs les femmes sont enclines à la luxure, attirées par le plaisir sexuel. Dans les *Cent Nouvelles nouvelles*, recueil de récits faits en Brabant lors de joyeuses réunions auxquelles participe le dauphin Louis brouillé avec son père Charles VII, elles provoquent les hommes. L'amour les mène, mais c'est uniquement un besoin physique qui leur agrée fort.

Pourtant les lettres de rémission ne sont pas rares qui relatent des viols. Preuve que les hommes cherchent, même par la force, à satisfaire leur désir. Littérature et réalité ne coïncident pas toujours.

Que font les amants ?

Si les œuvres littéraires mentionnent le plaisir éprouvé par les amants, celui-ci n'apparaît guère dans les sources narratives. Néanmoins, à l'aide de la déposition de Béatrice de Planissoles devant l'inquisiteur Jacques Fournier, essayons de le cerner quelque peu.

Béatrice n'est pas une néophyte en matière amoureuse, puisque, mariée deux fois, elle a plusieurs amants au cours de son existence.

Ses mariages ne donnent lieu à aucune notation particulière.

Un an après la mort de son premier époux, châtelain de Montaillou, le recteur Pierre Clergue essaie de la convaincre de coucher avec lui, disant que le péché est le même pour une femme d'être connue de son mari ou de tout autre homme, même prêtre, et, selon lui, c'est un plus grand péché avec son mari, parce que l'épouse croit ne pas commettre alors de faute, mais en a conscience avec d'autres hommes. « Il m'influença au point que je me donnai une nuit chez moi. Cela se renouvela souvent, et il m'entretint ainsi pendant un an et demi, venant passer la nuit deux ou trois fois par semaine dans ma maison proche du château de Montaillou. Je vins moi-même deux nuits dans sa maison, pour qu'il s'unît à moi. Il me connut même charnellement une nuit de Noël. »

Du vivant de son mari, Raimond Clergue, alias Pathau, la prend un jour de force dans le château. Et un an après son veuvage, il l'entretient publiquement. Ce qui n'empêche pas le curé Pierre Clergue de vouloir coucher avec elle. Après que le curé l'eut possédée, elle n'a plus de rapports avec Raimond, malgré plusieurs tentatives de celui-ci.

Puis elle se remarie avec Othon de Lagleize. Quelques semaines plus tard, le curé de Montaillou vient chez elle. Ils se rendent tous deux dans le cellier et il la connaît charnellement, pendant qu'une servante fait le guet à la porte.

Ces notations laissent supposer que Béatrice trouve du plaisir dans ses rapports avec son amant. Leur entente apparaît d'ailleurs lors de la scène suivante : « Il me disait cela et ce qui va suivre chez moi, parfois près d'une fenêtre qui regardait la route, pendant que je lui épouillais la tête, parfois près du feu, parfois quand j'étais au lit. »

Béatrice, à propos de ses relations avec un autre prêtre nommé Barthélemy Amilhac qu'elle fréquente lors de ses ennuis avec l'Inquisition, déclare : « J'ai cru parfois que Barthélemy, ce prêtre, m'avait jeté quelque sort, car je l'aimais trop, et je voulais trop être avec lui, bien que, quand je fis sa connaissance, mes règles eussent cessé. » Barthélemy déclare de son côté : « Je me conduisis mal avec cette Béatrice et la connus charnellement souvent dans sa maison, qui était proche de l'église. »

De la même façon, Alazaïs Guilhabert indique : « J'aimais beaucoup par inclination Arnaud Vital ; j'avais engagé avec lui une familiarité déshonnête. » Dans les deux cas il s'agit de liaisons extraconjugales.

Que dire des hommes ? Le plaisir sexuel, un certain nombre le trouvent dans des viols individuels ou collectifs relatés par les lettres de rémission. La motivation masculine, même si la force n'est pas vraiment employée, reste la même : prendre du plaisir bien souvent aux dépens de la femme. En 1419, dans un village du bailliage d'Amiens, un groupe d'écuyers âgés de vingt-cinq ans environ tentent d'avoir compagnie charnelle avec une chambrière nommée Raouline. Celle-ci, voyant qu'ils ne la laissent pas en paix, accepte qu'un nommé Copin vienne en sa chambre, mais là elle se refuse à lui. Devant cet échec, un autre compagnon déclare qu'il va tenter de faire mieux. Se rendant près de Raouline, il l'embrasse et lui demande de coucher avec lui ; elle résiste et lui donne deux ou trois gifles. « Et alors ledit suppliant mu de chaleur vint en la priant qu'elle voulût faire son plaisir et sa volonté, en s'ébattant et en jouant en la chambre en s'efforçant de faire son plaisir et sa volonté, mais elle ne voulut rien faire. » On ne mentionne ici que le plaisir de l'homme et sa satisfaction – non obtenue.

Le plaisir sexuel apparaît à propos d'aventures hors mariage. Au contraire, il est malséant de dévoiler quoi que ce soit de l'intimité du couple. Peut-on alors distinguer des relations conjugales vouées à la procréation et des relations extraconjugales motivées par la recherche du plaisir ?

La sexualité constitue un élément fondamental du mariage. Au milieu du XVe siècle, l'union entre un jeune homme de dix-neuf ans et une fille de douze ou treize ans se solde par un échec parce que les rapports physiques n'ont pas permis d'établir des liens affectifs. « Jeanne ne portait aucun amour naturel envers Étienne son mari, parce qu'il était parfois insensé et parce qu'ils n'avaient pu " besogner charnellement " ni coucher ensemble. » Marion qui s'enfuit avec un amant déclare que sur le plan sexuel son mariage constitue un échec. Les propos qu'elle échange avec Pierre de Bonnières le manifestent clairement : « Il demande comment elle le faisait et elle lui dit : *Très mal et plus que onques mais ne lui avoit esté*. Ce à quoi le suppliant lui réplique : " J'aurais mieux aimé que vous fussiez venue avec moi quand je vous l'ai demandé ". » Certes Pierre de Bonnières est maître et chirurgien. Mais la femme d'un laboureur assise auprès de son mari se met à le « frapper des paumes parmi les joues en lui disant qu'il lui ferait la nuit trois fois les noces ».

D'ailleurs, pour se défendre de l'accusation de rapt, on invoque parfois le plaisir pris par la femme. Perrotine des

Sarteaux a non seulement souhaité partir avec un écuyer, mais, après avoir eu des rapports avec lui de son « gré et volonté », elle se met en colère quand il s'absente. De même Marguerite de Chavure déclare qu'elle ne veut pas d'autre homme que son ravisseur, « qu'il était l'homme qu'elle aimait le plus et l'avait plus cher tout nu » que celui auquel son oncle la destine.

Si le couple légitime connaît le plaisir, il ne doit pas en parler. Pour la fille de joie destinée à satisfaire les mâles, la discrétion n'est pas nécessaire. Jean Lucas entraîne une jeune femme nommée Jeannette Largier, *laquelle menoit esbatre par le pays*. Trois compagnons tentent de s'en emparer et l'un d'eux lui demande d'aller « jouer avec lui » et la prend par la main en lui disant de venir *pour esbatre avec eulz*. Au contraire, lorsque l'épouse du laboureur Jean Flambert, ivre, ose parler d'amour, le tavernier chez qui se trouvent les époux n'apprécie pas. Il déclare qu'une prude femme ne doit pas s'exprimer ainsi dans la maison d'autrui.

La raison d'une telle discrétion est d'ordre social plus que moral. Pourtant des femmes n'hésitent pas à célébrer l'amour physique, et Christine de Pisan, dont le sens moral ne saurait être suspecté, écrit à propos de sa « première nuit » de ménage :

Prince, il me fait divaguer,
quand il me dit qu'il est tout mien.
De douceur me fera crever,
et certes le doux m'aime bien.

Nous avons envisagé jusqu'à présent l'amour considéré comme naturel. Le Moyen Âge se préoccupe aussi des déviances.

3

Déviances

Le « vice contre nature » est subdivisé par saint Thomas dans sa *Somme théologique* en actes auto-érotiques ou mollesse ; bestialité ou rapports avec les animaux ; sodomie ou rapports avec personnes du même sexe – mais ce terme n'a pas la même acception chez tous les théologiens ; enfin actes où la manière naturelle de s'unir n'est pas observée, ce qui paraît désigner le rapport oral, le coït interrompu et les positions anormales.

Positions

Le but du mariage est d'assurer la survie de l'espèce. Or la position dite naturelle, l'homme sur la femme, paraît aussi bien aux médecins qu'aux théologiens comme la plus favorable en évitant une expulsion de la semence. D'ailleurs, après le coït, tout mouvement risque le faire descendre le liquide issu de la réunion des deux semences. L'éternuement, les sauts, pense-t-on depuis Hippocrate, constituent des moyens d'empêcher la grossesse.

De sorte que les médecins, nous l'avons vu, restent muets quant à ce thème, ou, lorsqu'ils le mentionnent, c'est pour indiquer qu'ils n'en parleront pas. Bernard de Gordon : « Avicenne rapporte beaucoup de pratiques de coït illicites et malhonnêtes, il dit celles qui doivent être évitées, mais comme on trouve dans son ouvrage quelques propos honteux, je laisserai de côté ce sujet. » Michel Savonarole se montre plus net : « Que l'homme se tienne au-dessus de la femme et non l'inverse, pour éviter que la semence féminine ne tombe dans le pénis et qu'une fatigue ne survienne ; la position debout affaiblit beaucoup, c'est pourquoi elle est condamnée. » L'argument invoqué ne vise pas la procréation, mais concerne l'hygiène ainsi que la crainte d'une contamination de l'homme par la semence féminine. Quoi qu'il en soit, la condamnation est sans appel.

Albert le Grand se montre toutefois moins strict, permettant quelques écarts, eu égard par exemple à l'obésité. La gravité de la faute varie selon les cas : « La plus faible déviation est la position latérale, ensuite vient la position assise, puis debout, enfin la plus grande est par-derrière à la façon des juments. »

La science médicale reste donc étrangement muette. Toutefois, un écrit en langue catalane du XIVe siècle qui s'adresse à un public plus large que les médecins traite des positions dans un premier temps. L'auteur signale que les transgressions par rapport à la position naturelle sont mauvaises pour la santé et la procréation, mais il indique vingt-quatre positions classées sous cinq rubriques principales. L'ouvrage se distingue des modèles orientaux issus du taoïsme et du *Kāma-sūtra* [1] en ce sens qu'il se borne à préciser le déroulement gestuel. Tout au plus note-t-il que

1. Le *Kāma-sūtra* distingue les attitudes qui permettent la fécondation et celles qui ont pour but unique la volupté. Citons parmi ces dernières : « L'homme et la femme s'unissent debout appuyés l'un contre l'autre ou bien contre un mur ou un pilier ; l'homme, adossé au mur, soulève et soutient la femme, assise sur ses mains jointes et entre ses bras, tandis que celle-ci, les bras entrelacés autour de son cou, l'embrasse avec ses cuisses vers le milieu du corps et s'imprime à elle-même un mouvement, à l'aide de ses pieds qui touchent le mur auquel l'homme est appuyé. » « On peut de même imiter l'acte du chien, du bouc, du daim, la montée et la pénétration forcée de l'âne et du chat, le bond du tigre, le frottement du verrat et la saillie de la jument par l'étalon, en opérant comme ces différents animaux avec leurs femelles. » L'auteur ajoute que, dans le sud de l'Inde, on pratique également l'union basse, c'est-à-dire l'intromission du membre viril dans l'anus. En tout cas, « l'homme doit faire tout ce qu'il peut pour procurer le plaisir à la femme ».

certaines positions accroissent le plaisir. Contrairement aux traités orientaux, mais suivant en cela les ouvrages médicaux latins, l'auteur n'envisage que les voies naturelles et ne mentionne nulle technique de rétention.

Les prostituées elles-mêmes n'innovent pas. Dans dix des douze scènes érotiques décrites de façon détaillée et concernant Dijon vers le milieu du XVe siècle, elles emploient la position naturelle. Un clerc de justice qui a des rapports un dimanche de l'an 1450 avec Jeanne de la Fontaine « fit d'elle son plaisir et la tint sous lui environ une heure et lui fit tant de peine et la travailla tellement qu'elle n'en pouvait plus et se laissa choir en la ruelle parce que l'ouvrage l'ennuyait ». Dans deux cas seulement les positions peuvent être considérées comme anormales : dans l'un, les partenaires se tiennent debout, ce que des témoins occasionnels estiment scandaleux; dans l'autre, la fille est sur l'homme, mais c'est peut-être en raison de sa jeunesse – elle n'a que douze ans – que son client choisit de la besogner ainsi.

La position de la femme sur l'homme n'apparaît donc pratiquement pas, même lors d'amours vénales. Stigmatisée par les théologiens, considérée comme une espèce de procédé contraceptif, elle constitue pour eux une sorte de fantasme dont on peut rapprocher l'image de la sorcière sur son balais. Il y a trouble de l'ordre naturel. Dans les bordels, d'ailleurs, cette position pour la femme est plus fatigante, et les mâles tiennent à affirmer la supériorité de leur sexe.

La position femme sur homme permet avant tout lors d'une grossesse de ne pas mettre en danger la vie de l'embryon. Certes l'Église interdit les rapports avec une femme enceinte, mais ses recommandations ne sont probablement guère suivies, même par les couples légitimes. Comment observer une aussi longue continence ! Quand Villon mentionne la grosse Margot qui le chevauche, c'est, écrit-il, afin de ne pas « gâter son fruit », c'est-à-dire son enfant.

Selon Jacques Rossiaud, si l'iconographie religieuse à partir du XIIIe siècle manifeste la fornication par la représentation d'une femme qui chevauche un homme, c'est sans doute par souci de propagande, en associant amours adultères ou vénales à une inversion de la hiérarchie des sexes. Le « cheval érotique » est utilisé par les clercs pour proscrire les manières d'être contraires à leur enseignement.

Dans les bordels dijonnais où l'on besogne « selon nature », un seul cas de sodomie. En 1453, Jeanne de la Fontaine témoigne en faveur d'une fille qui vient d'être frappée par un chaussetier, chef d'une bande de voyous. Quand il vient dans sa maison la nuit, il a « compagnie aux filles où bon lui semble ». Jeanne qui souhaite débarrasser son bordel de cet énergumène l'accuse d'actes graves, apparemment contraires aux mœurs de l'endroit.

Coït interrompu. Étreinte réservée

Les interdictions religieuses, le besoin d'enfants à qui transmettre le patrimoine chez les aristocrates, à qui recourir dans ses vieux jours chez les paysans, paraissent s'opposer à une utilisation fréquente de procédés contraceptifs qui ne sont pourtant pas inconnus. Dans quelle mesure, en tout cas, des rapports qui ont pour but d'éviter la procréation, tels le coït interrompu ou l'étreinte réservée, procurent-ils du plaisir aux deux partenaires ?

La Genèse indique que le premier-né de Juda, marié à Thamar, étant mort, Juda dit à Onan d'aller vers la femme de son frère et d'assurer à celui-ci une postérité. « Cependant Onan savait que la postérité ne serait pas sienne et, chaque fois qu'il s'unissait à la femme de son frère, il laissait perdre à terre pour ne pas donner une postérité à son frère. Ce qu'il faisait déplut à Yahvé qui le fit mourir lui aussi. »

Au cours du haut Moyen Âge, le coït interrompu est assez peu mentionné. Les allusions à Onan n'apparaissent que rarement, donnant à penser que son procédé n'est guère répandu. Cependant Théodulphe, évêque d'Orléans de 798 à 818, examinant de nombreux péchés sexuels sous le titre *Fornication contraire à la raison*, écrit : « On appelle malpropreté ou péché abominable le fait de ne pas coucher de façon normale avec une femme ; c'est pourquoi on lit qu'Onan, fils de Juda, fut abattu par Dieu pour avoir, après qu'il eut pénétré sa femme, répandu à terre la semence. »

Les théologiens du XIIIe siècle considèrent comme un péché contre nature le coït interrompu, à l'instar du rapport anal ou des positions dites non naturelles. Bernard de Pavie, commentant une réponse du pape Urbain II sur la pollution extraordinaire, définit celle-ci comme « une pollution qui n'a pas lieu dans l'organe destiné à cela par la nature, à savoir le vagin, soit qu'elle se produise dans un autre organe, ou à l'extérieur ». Alexandre de Halès (1185-1245), professeur franciscain de l'université de Paris, dans sa *Somme théologique* semble désigner par péché contre nature des rapports avec l'intention de ne pas procréer, suivis d'un retrait et d'une effusion de la semence en dehors du vagin.

Sodomie et coït interrompu sont souvent considérés comme deux variétés du péché contre nature. Saint Antonin écrit dans son livre pour les confesseurs : « Un homme avec un homme, une femme avec une femme, ou un homme avec une femme en dehors du réceptacle approprié, est coupable du vice de sodomie. »

Le coït interrompu laisse évidemment supposer que les rapports ont lieu en vue du seul plaisir sexuel.

Une interprétation nouvelle de l'*Art d'aimer* d'André le Chapelain donnée par Danielle Jacquart et Claude Thomasset apporte des précisions sur cette technique. Cet ouvrage a été traduit de façon assez libre en 1280 – un siècle après qu'il eut été écrit – par Drouart la Vache « pour les clercs et non pas pour les laïcs qui sont un peu simples et ignorants ». Dans un dialogue qui met aux prises un maître et un disciple, le premier déclare que ceux qui partagent l'amour pur ne ne soucient pas de l'œuvre de chair ; ils désirent seulement s'enlacer et « s'embrasser sans se laisser aller au-delà » *(Et baisier sanz outre couler)*. Une telle forme d'amour « n'est pas nuisible à son prochain » *(Ne n'est a son proime greveuse)* et peut être pratiquée par pucelle, femme mariée ou nonne vouée à Dieu. Mais les deux vers cités en ancien français sont susceptibles d'être traduits d'une manière quelque peu différente. Le premier peut avoir le sens de « faire l'amour sans éjaculation ». Quant à *greveuse*, le mot doit signifier non pas « nuisible », mais « susceptible d'entraîner une grossesse ». On comprend dès lors qu'un tel amour n'entraîne aucun risque.

Selon André le Chapelain, l'amour pur ne se termine pas par l'accomplissement de l'« œuvre ultime de Vénus », c'est-à-dire l'éjaculation. Il est ainsi possible de concilier plaisir et risque de procréation. La société médiévale n'acceptant pas une rupture de la lignée par l'introduction de bâtards issus de l'épouse, et l'amour courtois étant probablement chaste avant tout dans les textes littéraires, la contradiction est ainsi levée.

Trouve-t-on aussi mention de cette manière d'agir dans le texte latin du traité ? Une femme noble à qui un noble propose ses services lui répond : « On estime qu'il est très facile d'entrer dans la cour d'Amour, mais il est bien difficile d'y rester à cause des tourments qui menacent les amants, et les désirs auxquels nous soumet l'amour en rendent la sortie impossible ou très pénible. » L'auteur complète l'aspect érotique évident d'un tel texte en distinguant trois types de femmes, les courtisanes « qui acceptent tous les hommes sans distinction en se livrant à leurs plaisirs », les femmes chastes « qui sont enfermées derrière la porte nord et la laissent constamment fermée », enfin les amantes courtoises, « celles qui laissent toujours la porte ouverte et que l'on voit constamment sur le seuil qui, quand on leur demande d'entrer, cherchent scrupuleusement à connaître les mérites de celui qui désire franchir leur porte et les vertus que l'on peut porter à son crédit. Une fois qu'elles sont convaincues des mérites du solliciteur, elles l'admettent avec tous les honneurs qui lui sont dus ». L'amant a donc dû passer un examen avant d'entrer dans le palais d'Amour.

Un dialogue entre deux personnes très initiées conseille

d'aimer un clerc plutôt qu'un laïc, car rien n'est plus nécessaire sur terre que d'être versé en matière de technique amoureuse. L'*Art d'aimer* d'André le Chapelain, qui prône la maîtrise des mécanismes physiologiques, envisage donc la manière « de retirer plein effet de toutes les voluptés du corps ». Mais si le coït interrompu permet de jouir à l'homme et à la femme, en va-t-il de même dans l'étreinte réservée, lorsque l'homme se retient d'éjaculer après le retrait ?

La première référence autorisée à cette dernière pratique provient de l'évêque Huguccio. Selon lui, tout rapport conjugal constitue un péché véniel parce que l'éjaculation s'accompagne de plaisir. Toutefois, selon l'enseignement de saint Paul, un homme célibataire doit se marier s'il ne peut s'empêcher de brûler. Mais comme en tant qu'époux il doit s'acquitter du devoir conjugal, il pèche de toute façon. Comment résoudre ce problème ? « Rendre le devoir conjugal à sa femme signifie la satisfaire. Il arrive donc souvent qu'on rende le devoir à sa femme sans satisfaire son propre plaisir et vice versa. C'est pourquoi, dans le cas précédent, je peux accomplir le devoir et attendre ainsi qu'elle ait eu son plaisir. En réalité, souvent dans ces cas-là, une femme précède son mari, et lorsque le plaisir de la femme dans l'œuvre de chair est satisfait, je peux, si je veux, me retirer sans satisfaire mon propre plaisir, libéré de tout péché, et sans émettre mon semen fécondant. » L'opposition vise seulement le plaisir générateur de l'homme, et non l'orgasme féminin. Huguccio semble préférer l'étreinte réservée à l'acte complet entraînant un péché véniel dû au plaisir.

Seul alors l'amour courtois recommande l'étreinte réservée. Ce n'est sans doute pas là qu'Huguccio a trouvé son inspiration. Comme il signale que la pratique est courante, il faut penser qu'il se réfère à une habitude répandue dans la région de Bologne et peut-être née chez les Cathares.

Durant plus d'un siècle, nulle glose à propos de ce passage. Le commentaire d'Huguccio étant bien connu, on peut penser que les chrétiens orthodoxes devaient ignorer de telles pratiques que saint Albert d'ailleurs, pourtant à la fois informé et indulgent en matière de sexualité, ne mentionne pas.

Au XIVe siècle, Pierre de La Palud, archevêque et dominicain, connaît cependant cette technique. Après avoir stigmatisé l'onanisme, il ajoute à propos de l'époux qui ne souhaite pas avoir d'autres enfants, car il ne pourrait les nourrir : « Toutefois, si, dans le même dessein, il se retire avant la fin de l'acte sans émettre de sperme, il ne semble pas pécher mortellement, à moins que cela ne provoque une éjaculation chez la femme. » Il ne s'agit que d'utiliser un moyen rendu nécessaire par des difficultés économiques. D'autre part, alors qu'Huguccio permet à la femme d'éprouver du plaisir, il semble qu'il n'en est pas de même ici puisque l'éjaculation féminine, c'est-à-dire probablement l'orgasme, ne doit pas survenir. Le fait d'indiquer avec force que seules des circonstances économiques autorisent un tel acte montre que celui-ci ne doit en aucun cas avoir pour but la recherche du seul plaisir. Au XVe siècle, saint Antonin partage l'opinion de Pierre de la Palud en lui donnant son approbation dans sa *Somme théologique*.

Jusque vers 1480, l'étreinte réservée, ignorée par nombre d'autorités, défendue par quelques-unes – le dominicain allemand Jean Nider dans la *Lèpre morale* –, n'est condamnée par aucune.

MASTURBATION

Dans quelle mesure le plaisir solitaire est-il pratiqué ? Les interdictions sexuelles imposées par l'Église n'y poussent-elles pas certains ?

Déjà le Talmud condamnait avec force la masturbation : « Qui émet en vain le semen mérite la mort. » De même Théodulphe, évêque d'Orléans au début du IXe siècle. Mais il convient de distinguer le discours médical et le discours clérical.

La position des médecins apparaît nuancée en ce qui

concerne l'aspect moral. Ils ne traitent pas de façon aussi précise et nette les pratiques féminines et masculines, s'attardant sur la pollution masculine, ce qui est logique dans la mesure où ils accordent le rôle fondamental à la semence de l'homme, traitant surtout de la masturbation féminine, ce qui pourrait refléter une certaine misogynie.

Certains individus des deux sexes éprouvent plus que les autres le besoin de s'accoupler. Le satyriasis qui entraîne une érection continue accompagnée de plaisir est apaisé par le coït. Un texte de la fin du XIIIe siècle indique que, dans les divers monastères et les lieux religieux, de nombreux hommes voués à la chasteté, en mangeant quotidiennement des aliments qui engendrent la ventosité, voient augmenter leur désir du coït et tendre leur membre.

La gonorrhée est plus longuement étudiée. Par là les médecins entendent surtout la spermatorrhée, c'est-à-dire la perte involontaire de semence. Selon eux, la continence constitue un danger pour les jeunes gens et les hommes de complexion chaude et humide, car la matière non expulsée affecte le cœur, et subséquemment devient nocive pour différentes fonctions. Toutefois ils ne conseillent pas aux hommes de se masturber.

L'aspect religieux du problème des pollutions a gêné la réflexion médicale, relative aux écoulements pathologiques. Dans quelle mesure le sujet est-il responsable de ses pertes ? Caelius Aurélien, médecin latin vivant au Ve siècle, traite déjà des pollutions nocturnes. Elles découlent, écrit-il, d'images qui affectent les patients durant leur sommeil à cause de l'envie du plaisir sexuel ou en raison d'une longue continence.

Alors que les médecins n'envisagent pas l'expulsion volontaire de la semence masculine, il leur arrive de conseiller aux femmes les pratiques solitaires. Albert le Grand lui-même écrit que, vers quatorze ans, les jeunes filles commencent à désirer le coït mais n'émettent pas. Et d'ajouter que, si certaines d'entre elles ne peuvent avoir de rapports sexuels, « elles se livrent à des pratiques avec les doigts ou d'autres instruments jusqu'à ce que les conduits soient relâchés par la chaleur du frottement et que sorte l'humeur spermatique, ainsi que la chaleur qui l'accompagne. Alors leurs aines sont tempérées et elles deviennent plus chastes ».

Albert le Grand pense donc que pour la jeune fille la masturbation possède un rôle thérapeutique. Il n'est nullement question de plaisir. Pour la femme plus âgée par contre, Avicenne estime qu'une telle pratique permet d'obtenir l'orgasme en même temps que le partenaire si le rythme de celui-ci s'avère trop rapide. Les pratiques solitaires féminines, pour la plupart des auteurs qui les mentionnent, ont lieu par l'intermédiaire d'instruments censés représenter le membre viril et non par une excitation du clitoris.

Pollutions masculine et féminine n'ont pas la même valeur, ce qui explique les différences d'appréciation. La perte de semence chez l'homme constitue un péché sur le plan de l'espèce, car c'est elle qui permet la procréation. L'expulsion de la semence féminine au contraire ne peut que soulager la femme. Et, socialement, elle évite de graves dangers. En effet, de nombreuses femmes vivent seules pendant que leurs maris sont à la guerre, en pèlerinage ou font du commerce. La masturbation féminine constitue une garantie pour la pureté du lignage.

Dans les pénitentiels du haut Moyen Âge, la masturbation ne semble pas tenue pour un très grave péché. Mais à partir du XIIIe siècle, les théologiens considèrent qu'il s'agit d'un vice contre nature, donc d'un crime, et modifient leur opinion. Toutefois les jeunes enfants ont encore des circonstances atténuantes en matière de pollution. Vers 1300, dans le diocèse de Cambrai, le curé peut remettre les péchés contre nature et celui de mollesse chez les garçons jusqu'à quatorze ans, chez les filles jusqu'à vingt-cinq ans. Preuve que les clercs considèrent aussi que la masturbation féminine est moins grave que celle de l'homme.

Un siècle plus tard, les critiques se font très vives. Gerson consacre un livre entier à la pollution diurne dans son *Confessionnal*. Et dans son *Examen de conscience selon les péchés capitaux*, les premières questions portant sur la luxure concernent la masturbation et la pollution, « péché abominable et dégoûtant qui se dit contre nature et réservé ; soit qu'il se fasse en soi-même seul, soit avec d'autres personnes ; il faut s'en confesser expressément sous peine de damnation ».

Les conseils de Gerson aux confesseurs nous éclairent sur la fréquence de la masturbation. « S'il ne veut répondre, demande lui alors franchement : " Ami, est-ce que tu palpes ou frottes ta verge comme les enfants ont l'habitude de le faire ? " S'il dit seulement que jamais il ne l'a tenue en cet état ni ne l'a frottée, on ne peut progresser au-delà, si ce n'est en admirant et en disant que ce n'est pas croyable, en l'exhortant à se souvenir de son salut parce qu'il est en présence de Dieu et qu'il est très grave de mentir en confession, et autres choses semblables. »

Il est même conseillé de soumettre à un interrogatoire similaire les hommes et les femmes plus âgés, car l'expérience montre que « de nombreux adultes ont été infectés d'un tel vice, et ne s'étaient jamais confessés auparavant ; les uns par prudence d'abord, puis par oubli ; les autres par une pudeur toujours si forte qu'ils disent ne s'être jamais proposés de se confesser... beaucoup s'excusaient sur leur ignorance, disant n'avoir jamais entendu dire ni jamais su qu'un tel attouchement, par lequel ils n'avaient pas la volonté de connaître charnellement les femmes, était un péché. » Des adultes ont donc abandonné depuis si longtemps les pratiques solitaires qu'ils les ont oubliées. Mais ceux qui en gardent la honte les ont vraisemblablement conservées. Certains enfin n'ont pas conscience de leur péché. Un tel sentiment rappelle les pénitentiels : pour eux il faut éviter avant tout d'entretenir des rapports avec les femmes, et, dans ce contexte, la masturbation n'est qu'une faute vénielle.

Les moralistes des années 1400 condamnent donc vigoureusement la masturbation, même chez l'enfant, car elle risque d'écarter du mariage et de la procréation par « le dégoûtant plaisir qu'elle procure ». Plaisir que l'on peut rechercher avec des personnes du même sexe.

HOMOSEXUALITÉ

Les médecins n'aiment guère parler des rapports anormaux qui ne relèvent pas de la science qu'ils pratiquent, mais de l'éthique. Dans l'exposé des plaisirs non naturels, Thomas d'Aquin signale que la corruption peut venir soit du corps – par la maladie ou à cause d'un tempérament malheureux –, soit de l'âme, « comme pour ceux qui, par habitude, trouvent du plaisir à manger leurs semblables, à avoir des rapports avec les bêtes ou des rapports homosexuels, et autres choses semblables, qui ne sont pas selon la nature humaine ». L'homosexualité, citée à côté de la bestialité et de l'anthropophagie, ne constitue pas une maladie. Elle provient d'une dégradation de l'âme et ne ressortit pas d'une thérapeutique.

Le discours médical ne l'ignore pas toutefois complètement. Mais la plupart des commentateurs du *Canon* d'Avicenne, qui la mentionne à diverses reprises, se montrent discrets. Jacques Despars, médecin du XVe siècle, est plus explicite. Amplifiant le traitement préconisé par Avicenne, il détaille les sévices auxquels doivent être soumis les homosexuels. Il faut d'abord susciter chez eux la tristesse par l'invective et le blâme, puis les torturer en les affamant, les fatiguer en les privant de sommeil, les jeter en prison, enfin les fouetter souvent et jusqu'au sang. Jacques Despars, qui choisit de renseigner les non-initiés en expliquant le texte d'Avicenne, n'est pas suivi par la plupart de ses confrères. Lui-même, à propos de la pédophilie, rend compte du texte avicennien, puis conclut qu'il pourrait relater beaucoup d'autres espèces de coïts sodomites, mais qu'il préfère se taire. La nature humaine, portée vers le mal et désireuse de nouvelles concupiscences, risquerait en les entendant de les pratiquer. Même prudence chez les confesseurs : à vouloir trop informer, on risque de faire commettre à des hommes et à des femmes des péchés inconnus d'eux.

Cependant l'information apparaît une nécessité à Jacques Despars lorsque l'homme n'a pu procurer du plaisir à sa partenaire. Notre médecin, après avoir analysé le texte d'Avicenne avec beaucoup de précision, signale qu'il s'agit par le lesbianisme d'améliorer les relations sexuelles et d'éviter les rapports illicites. Comme dans le cas de la masturbation, la condamnation est limitée. Des textes de diverse nature le manifestent. Une jeune femme explique la raison de sa présence au Purgatoire : « Alors que j'étais encore dans un âge tendre, m'abandonnant à la séduction d'une honteuse lascivité, j'ai accompli des actes honteux avec des filles de mon âge et l'ayant hélas ! oublié, bien que je me sois confessée à un prêtre, je ne l'ai pas soumise au jugement de la pénitence. » Mais elle ne se trouve pas en enfer et par conséquent sera sauvée après avoir accompli sa peine. A sa décharge, elle a fauté alors qu'elle était jeune. Cette indulgence à l'égard des femmes apparaît également dans la liste des cas réservés concernant le diocèse de Cambrai pour les années 1300-1310 :

Réservés à l'évêque : les péchés contre nature de l'homme de plus de vingt ans.

Réservés aux pénitenciers : les péchés contre nature perpétrés par les femmes de tout âge et les hommes de moins de vingt ans.

Justiciables du curé : les péchés contre nature en l'âge puéril, chez les garçons jusqu'à quatorze ans, et chez les filles jusqu'à vingt-cinq.

L'homosexualité est-elle répandue au Moyen Âge ?

L'érotique antique est misogyne, se méfiant de la femme et de la passion qu'elle est susceptible d'inspirer. Certes elle reconnaît que celle-ci peut être source de voluptés physiques. Mais l'amitié homosexuelle a toujours rivalisé avec la passion hétérosexuelle, l'une n'empêchant pas l'autre. Au début du IIe siècle après Jésus-Christ, Plutarque, dans un livre de ses *Moralia*, fait dire à l'un des personnages que « le seul véritable amour est l'amour des jeunes gens... Cette passion affadie, à l'usage domestique, qui coule ses heures sur le sein et dans le lit des femmes, cherchant constamment à leur plaire et perdant tout caractère viril sous l'effet d'un plaisir indigne d'un homme, privé d'amour et d'élan – celle-ci mérite d'être bannie... L'amour est beau et noble, le plaisir est vulgaire et servile ». L'amour semble réservé aux relations homosexuelles alors que l'hétérosexualité n'engendrerait que le plaisir.

Selon John Boswell, jusqu'au XIIIe siècle l'homosexualité a tenu une large place dans l'Occident chrétien et n'a pas fait l'objet de virulentes condamnations. Saint Jean Chrysostome est le seul des Pères qui ait traité de l'homosexualité en soi et dont les critiques semblent tenir au sexe des intéressés – et non par exemple au refus de procréer. Mais son opposition n'a eu que peu d'influence sur les théologiens postérieurs. Et, d'une façon quelque peu paradoxale, il condamne le plaisir sexuel car les passions sont toutes honteuses et dénonce les rapports homosexuels parce qu'ils ne procureraient pas de plaisir.

Face à l'amour et à l'érotisme semble donc exister une tradition chrétienne tolérante. Dans les pénitentiels, l'homosexualité n'est nullement privilégiée par rapport aux autres péchés, affirme John Boswell. Et de citer le pénitentiel de Grégoire III (VIIIe siècle) qui impose une punition de cent soixante jours pour lesbianisme et une pénitence ne devant pas dépasser un an pour homosexualité masculine, alors qu'un prêtre coupable d'avoir chassé doit se repentir pendant trois ans. Il n'en reste pas moins que, selon saint Colomban, le laïc qui s'unit à un homme, comme l'on fait avec une femme, doit jeûner sept ans dont les trois premières années au pain et à l'eau, avec du sel et des légumes secs seulement. Les quatre autres années, il s'abstiendra de vin et de viande. Quant à Bède (VIIe siècle), il insiste à maintes reprises sur la sodomie. Les sodomistes sont condamnés à quatre ans de jeûne, à sept ans s'il s'agit de moines ou de récidivistes. Les lesbiennes doivent faire trois ans de pénitence, sept ans s'il s'agit de religieuses. Les visions donnent la même impression. Le moine Wetti, mort en 824 à Reichenau, déclare avoir entendu au cours d'un voyage dans l'au-delà un ange lui déclarer que rien n'offense plus Dieu que le péché contre nature : cette maladie contagieuse tue les âmes polluées par l'accouplement des mâles entre eux.

A partir du XIe siècle se manifestent nettement deux attitudes opposées. Certains, à l'instar de saint Jean Chrysostome, stigmatisent l'homosexualité qu'ils considèrent comme un péché extrêmement grave. D'autres essaient d'en montrer l'aspect positif.

Vers 1051, saint Pierre Damien écrit un long traité, *Le Livre de Gomorrhe*, s'attaquant notamment aux rapports sexuels entre hommes, surtout entre clercs, qu'il décrit avec force détails. Il accuse les prêtres d'avoir des relations avec ceux qu'ils dirigent sur le plan spirituel, et affirme que nombre de clercs, pour éviter les sanctions de l'Église, se confessent à d'autres clercs homosexuels. Ce vice l'emporte sur tous les autres en impureté. Mais il n'obtient pas du pape Léon IX, comme il le lui demande, que tous les clercs coupables d'une faute homosexuelle soient exclus de l'Église.

A cette époque, des sentiments homosexuels s'expriment dans le cadre de la vie monastique. Aelred, abbé du monastère cistercien de Rievaux, tente de montrer la valeur de l'amour entre personnes du même sexe. L'attirance des hommes eut d'ailleurs un rôle profond dans sa vie ; il passa même parfois à l'acte, y recherchant le plaisir « au temps où les basses impulsions de la chair et la source jaillissante de l'adolescence faisaient s'élever un nuage de désir ». Finalement, Aelred décide de renoncer en faveur de Dieu à ses amours mondaines, non pas parce qu'elles lui apportent moins de satisfaction, mais en raison de leur caractère éphémère.

Hildebert de Lavardin, archevêque de Tours, laisse entendre clairement que l'homosexualité touche nombre de personnes, même parmi les plus éminentes.

D'innombrables Ganymèdes honorent d'innombrables autels
et Junon regrette de ne plus recevoir ce à quoi elle était [accoutumée.
Le jeune homme, l'homme fait, le vieillard se souillent de ce [vice
et il n'est aucun rang qui en soit exempt.

Des textes latins comparent les mérites des diverses amours. Le plus important est le *Débat entre Ganymède et Hélène*, poème très populaire reproduit dans de nombreux manuscrits et dont l'influence fut grande sur les auteurs postérieurs. Les arguments des deux parties s'annulent souvent. Le couple hétérosexuel a l'avantage de pouvoir procréer. Mais la critique la plus vive d'Hélène porte sur l'avidité du garçon qui recherche son plaisir : elle jugerait donc son attitude moins répréhensible si elle était motivée par l'amour.

Elle, déjà pleine de désir et prête aux plaisirs du lit,
sent depuis quelque temps l'aiguillon de l'amour.
La beauté singulière de Ganymède l'enflamme
et déjà la chaleur qui l'habite se répand au-dehors.

Mais Ganymède affirme :

Laissez les hommes d'âge engendrer des fils, pour le plaisir [des jeunes :
les jeunes brûlent de les avoir dans leur prime fraîcheur.
Le jeu que nous jouons a été inventé par les dieux
et l'usage en est aujourd'hui maintenu par les premiers et les [meilleurs.

Un autre texte signale que Chartres, Sens, Orléans et Paris seraient des centres d'amour homosexuel :

Que Chartres et Sens périssent où Adonis se vend
selon la règle du bordel où les mâles se prostituent
Noble cité, cité unique infectée par ces mots,
Paris se réjouit de marier un jeune maître.
Tu es la plus éloquente de toutes ces villes, Orléans,
toi qui te perds pour te faire gloire de ce crime.

Un changement se manifeste surtout à partir du XIIIe siècle. Le concile Latran III profère déjà en 1179 une condamnation qui semble viser les homosexuels. « Toute personne qui sera reconnue coupable d'avoir commis cet acte d'incontinence contre nature, s'il s'agit d'un clerc, sera réduite à l'état laïc ou enfermée dans un monastère pour y faire pénitence ; s'il s'agit d'un laïc, elle sera excommuniée et mise à l'écart de la communauté des fidèles. » Et les homosexuels subissent le contrecoup de sentiments déclenchés par les croisades. Nombre de textes occidentaux attribuent, en effet, aux musulmans une sexualité effrénée. Selon Jacques de Vitry, Mahomet « ennemi de la nature, a introduit le vice de sodomie parmi son peuple. Ils forcent à avoir des rapports sexuels avec eux non seulement les deux sexes, mais aussi les animaux ».

La plupart des législations occidentales du XIIIe siècle montrent le changement d'attitude qui s'opère alors. Ainsi, en France, l'école de droit d'Orléans publie un code qui ordonne la castration à la première faute – sans doute l'ablation des testicules –, l'ablation d'un membre à la deuxième – certainement celle du pénis –, la peine du bûcher pour la troisième. La même disposition concerne les femmes – la punition relative aux deux premières fautes se comprend alors moins aisément. La confiscation des biens au profit du souverain est prononcée, ce qui constitue une invitation aux rois toujours impécunieux à extirper l'homosexualité de leurs États.

Les lois devenues très sévères sont toutefois appliquées de façon irrégulière, notamment parce que les fautes sexuelles, pense-t-on, relèvent de la justice ecclésiastique.

Bestialité

La bestialité est évoquée de façon parfois détaillée dans les pénitentiels. Mais alors que Colomban (vers 543-615) inflige au laïc qui commet le crime de bestialité un an de jeûne s'il est marié, six mois s'il est célibataire, Burchard de Worms, quatre siècles plus tard, apparaît plus sévère : « As-tu commis la sodomie ou la bestialité avec des hommes ou des animaux, à savoir une jument, une vache, une ânesse ou tout autre animal ? Si tu l'as fait une ou deux fois, et que tu n'avais pas d'épouse pour assouvir ta lubricité, tu jeûneras quarante jours au pain et à l'eau – un carême – et tu feras toujours pénitence. Si tu étais marié, tu jeûneras dix ans aux jours fixés. Si tu avais l'habitude de commettre ce crime, tu jeûneras quinze ans. Si tu as commis l'acte en question dans ta jeunesse, tu jeûneras cent jours au pain et à l'eau. »

Le discours médical reste muet, car la bestialité appartient au domaine du péché. Les lettres de rémission en font mention d'une manière nullement exceptionnelle, la présentant souvent comme un acte accompli dans un état second, sous l'impulsion du diable. Perrot, valet de Perrot Pichon, n'a pas seulement comme circonstance atténuante sa jeunesse. Il a été victime d'un songe qui a permis à l'Ennemi de le tenter. Mais à la différence de visions entraînant des pollutions nocturnes, la scène a lieu en plein jour. Dans les deux cas toutefois, le rêve constitue une source de folie : le jeune homme, et c'est là l'essentiel, a fauté en restant insensible dans son esprit et dans son corps. Il n'a pas pu se rendre compte du plaisir de l'acte : « Le pauvre valet, fou et oublieux de tout, entre dans une étable où se trouvait une vache et en cet endroit resta longtemps égaré comme un fou, et suite à la tentation de l'ennemi, complètement insensible, il eut compagnie charnelle avec cette vache et une fois seulement. » Son insensibilité l'amène à ne pas tenir compte des avis de son entourage relatifs à une conduite sexuelle normale.

Masochisme

Ce terme anachronique issu du nom de l'auteur de la *Vénus à la fourrure*, à savoir Léopold von Sacher Masoch, désigne ce que l'on avait jusqu'alors appelé algolagnie, dont Jean-Jacques Rousseau fut le premier à se dire publiquement adepte. « Ce qu'il y avait de plus bizarre est que ce châtiment m'affectionna davantage encore à celle qui me l'avait imposé ; car j'avais trouvé dans la douleur, dans la honte même, un mélange de sensualité qui m'avait laissé plus de désir que de crainte de l'éprouver derechef par la même main », écrit-il dans les *Confessions*.

Ce plaisir issu de la souffrance le trouve-t-on déjà chez les auteurs du Moyen Âge ? On ne peut sur ce point interroger que les sources littéraires, car nulle autobiographie n'entre dans des détails aussi intimes.

Il est de tradition d'affirmer que l'amour engendre des souffrances, notamment lorsqu'il se trouve insatisfait. Le troubadour Cercamon déclare : « J'ai de la joie si elle me rend fou, si elle me fait muser et attendre en vain. Il me plaît qu'elle me raille, qu'elle me fasse tourner par-derrière ou par-devant ; car, après le mal, il m'en viendra le bien, sans tarder si tel est son plaisir. » Mais Cercamon ne se complaît pas dans la douleur ; s'il supporte les maux que lui inflige la dame, c'est parce qu'il espère le remède.

Bernard de Ventadour affirme : « Cet amour me frappe si gentiment en plein cœur et j'y trouve si douce saveur. » Mais bien qu'il semble avoir été à l'origine de deux *topoi*, l'esclavage d'amour demandé à la dame et l'adoration sacrilège de celle-ci, il ne s'agit que d'exagérations stylistiques.

Arnaut Daniel va plus loin : « Merci, Amour, puisque maintenant tu m'accueilles, tard à mon gré, mais je t'en suis reconnaissant ; car un tel feu me consume la moelle que je ne veux point qu'il s'éteigne. » L'expression « consumer la moelle » est tellement forte qu'on ne saurait l'admettre littéralement.

Souffrir d'amour pour un autre être humain est inévitable, et une relecture de bien d'autres œuvres que celles des troubadours – tels le *Roman de la Rose* ou *Flamenca* – en fournirait de nombreux exemples. Mais la perversion n'existe que lorsque l'on ne cherche plus de remède au mal, que l'on recourt à des moyens artificiels, que l'on réclame, comme Masoch, le fouet pour l'escorter. Les œuvres littéraires médiévales ne font pas mention apparemment d'une telle pratique. Mais oserait-on l'avouer...

Si l'association la plus évidente, la plus immédiate à l'idée du plaisir est celle du plaisir d'amour, la vision théocratique du monde qui gouverne le Moyen Âge, aussi bien spirituellement que temporellement – et l'on a vu dans la première partie l'immixtion inévitable de l'Église dans la description même des formes de plaisir –, ne le considère pas d'un bon œil. Mais si le plaisir est, d'expérience, ce que cherche tout individu par soif de vivre, les êtres de chair du Moyen Âge, eux, le refusent-ils, voire sont-ils capables de le refuser ?

Deuxième partie

L'Église et le refus du plaisir

4

Les clercs et la sexualité

« Croissez et multipliez. » Ce commandement de Dieu pousse les hommes à procréer. S'il est logique que l'Église, nous l'avons vu, condamne les actes contre nature elle ne peut qu'être favorable à la sexualité humaine dans le cadre conjugal. Mais le rapport charnel peut-il s'accompagner de plaisir ?

Les fondements

La Bible est utilisée pour justifier la condamnation de la plupart des pratiques sexuelles. Jean, déjà, oppose l'esprit à la chair. « C'est l'esprit qui vivifie, la chair ne sert de rien. » Saint Paul affirme : « Dieu, en envoyant son propre Fils avec une chair semblable à celle du péché, et en vue du péché a condamné le péché dans la chair... Car le désir de la chair, c'est la mort, tandis que le désir de l'esprit c'est la vie et la paix, puisque le désir de la chair est ennemi de Dieu : il ne se soumet pas à la loi de Dieu, il ne le peut même pas, et ceux qui sont dans la chair ne peuvent plaire à Dieu. » Le pape Grégoire le Grand, au début du VIIe siècle, apparaît encore plus explicite : « Qu'est-ce que le soufre, sinon l'aliment du feu ? Qu'est-ce qui nourrit donc le feu pour qu'il exhale une aussi forte puanteur ? Que voulons-nous donc dire par soufre sinon le péché de la chair ? »

La Bible toutefois ne lègue pas au Moyen Âge un ensemble de textes relatifs à la répression sexuelle. Certes, le *Lévitique* consacre un chapitre aux impuretés sexuelles, à savoir non seulement la maladie contagieuse qu'est la blennoragie, mais le simple épanchement séminal de l'homme et les règles de la femme. En effet, tout ce qui concerne la fécondité et la reproduction a un caractère mystérieux et sacré. Un autre chapitre traite de l'union conjugale ; y sont condamnés la nudité, l'inceste, l'homosexualité, la bestialité, le coït pendant les règles de la femme, la sodomie. « Oui, quiconque commet l'une de ces abominations, quelle qu'elle soit, tous les êtres qui les commettent, ceux-là seront retranchés de leur peuple. » L'*Ecclésiastique* manifeste un vif antiféminisme : « C'est par la femme que le péché a commencé et c'est à cause d'elle que tous nous mourrons. »

Mais le *Cantique des cantiques* fait l'éloge de l'amour conjugal dans un registre atteignant parfois à l'érotisme :

Que tu es belle, que tu es charmante,
ô amour, ô délices !
Dans ton élan tu ressembles au palmier,
tes seins en sont les grappes.
J'ai dit; je monterai au palmier,
j'en saisirai les régimes.
Tes seins, qu'ils soient des grappes de raisin,
le parfum de ton souffle, celui des pommes :
tes discours, un vin exquis !

Dans une suite de poèmes s'exprime ainsi l'amour mutuel d'un Bien-aimé et d'une Bien-aimée qui se joignent et se perdent, se cherchent et se trouvent. Ce livre étonnant a été entendu par les docteurs juifs au sens allégorique : l'amour de Dieu pour Israël et celui du peuple pour son Dieu ressemblent aux rapports entre époux. Les anciens auteurs ecclésiastiques ont adopté la même démarche, mais l'allégorie pour eux est devenue celle des noces mystiques du Christ avec l'Église. Au XIIe siècle, à l'époque de l'amour courtois, alors que le *Cantique des cantiques* est l'ouvrage de l'Ancien Testament le plus commenté, saint Bernard rappelle que seule doit être retenue l'interprétation spirituelle.

Dans le Nouveau Testament, les Évangiles ne font que de rares allusions à la sexualité. Le mariage, monogamique et indissoluble, est loué, d'où la condamnation de l'adultère. « Vous l'avez appris : il a été dit aux anciens : Tu ne commettras point l'adultère. Mais moi je vous dis : Tout homme qui jette sur une femme un regard de convoitise, a déjà commis l'adultère avec elle dans son cœur, » selon saint Matthieu. Les évangélistes assimilent le divorce à l'adultère. Selon saint Luc par exemple, « Quiconque répudie sa femme et en épouse une autre, commet un adultère ; et qui épouse une femme répudiée, commet un adultère. » La mère de Jésus est vierge et le Christ reste célibataire.

Le Moyen Âge a surtout puisé dans les écrits de saint Paul les éléments de son dossier hostile à la femme et au mariage. Certes, lorsque l'apôtre parle de la chair, il entend par là la nature humaine. Mais pour lui la chair constitue la source essentielle du péché. Et le mariage n'est qu'un pis-aller : « Il est bon pour l'homme de s'abstenir de la femme. Toutefois, en raison du péril d'impudicité, que chaque homme ait sa femme et chaque femme son mari. Que le mari s'acquitte de son devoir envers sa femme, et parallèlement la femme envers son mari... Je dis toutefois aux célibataires et aux veuves qu'il leur est bon de demeurer comme moi. Mais s'ils ne peuvent se contenir, qu'ils se marient : mieux vaut se marier que de brûler. » Il faut résister aux dangers de la chair pour éviter la mort éternelle. « Or on sait bien tout ce que produit la chair : fornication, impureté, débauche, idolâtrie, magie, haines, discorde, jalousie, emportements, disputes, dissensions, scissions, sentiments d'envie, orgies, ripailles et choses semblables – et je vous préviens, comme je l'ai déjà fait, que ceux qui commettent ces fautes-là n'hériteront pas du Royaume de Dieu » (trad. Bible de Jérusalem).

S'appuyant notamment sur saint Paul, le déformant par une diabolisation du corps, alors qu'il se borne à réclamer son respect, le Moyen Âge a fondé une hiérarchie sur la sexualité. Utilisant sans aucune raison légitime la parabole du semeur dont la graine fournit trente, soixante ou cent selon le terrain où elle est semée, l'Église met au premier rang les vierges (produisant cent), précédant les personnes continentes, telles les veuves qui ne se remarient pas, et reléguant au dernier rang les mariés.

Des idées étrangères à celles du judéo-christianisme, en particulier celles des stoïciens, présentent des ressemblances avec la doctrine professée par l'Église. S'efforçant de libérer l'homme de tout attachement aux êtres et aux objets de ce monde, elles s'opposent aux pensées de la chair. Le sage doit se marier, la Nature l'exige, mais uniquement pour se reproduire et non pas pour trouver du plaisir. Le mariage étant une amitié, l'époux ne doit pas traiter sa femme comme une maîtresse, assure Sénèque, cité ensuite par saint Jérôme.

L'hédonisme, c'est-à-dire un système moral qui fait du plaisir le principe ou le but de la vie, coexiste donc avec le malthusianisme dans les cités grecques comme dans l'Empire romain à l'époque où le christianisme naissant se développe. Le père a droit de vie ou de mort sur l'enfant, et l'infanticide est pratiqué, de même que l'avortement et la contraception. Or, un malthusianisme excessif ne peut que réduire la puissance de l'État, enclin subséquemment à favoriser la procréation et à pénaliser célibat et stérilité. Les contraintes légales s'accompagnent de pressions morales, le célibataire étant soupçonné d'être un débauché, de rechercher le plaisir grâce à des amours serviles, vénales, excluant toute procréation. A Athènes, l'épouse semble avoir été destinée à faire des enfants et les courtisanes à procurer du plaisir. La loi romaine, elle, indique que le mariage a pour but de mettre des enfants au monde. De sorte que les termes plaisir et amour semblent posséder un sens péjoratif dans le monde gréco-romain et que l'opposition plaisir/ procréation s'y manifeste déjà.

Les stoïciens ne sont pas les seuls à exprimer de telles idées, mais ils ont édifié la doctrine la plus cohérente. Le traité néo-pythagoricien *De la nature de l'univers* affirme : « Il est particulièrement bien établi que nous avons des rapports non pour le plaisir mais dans le but de procréer », et, un peu plus loin : « Les organes sexuels sont donnés à l'homme non pour le plaisir, mais pour la conservation de la race. »

Ainsi l'Antiquité, opposant le comportement des époux à celui des amants, adopte une attitude contradictoire en magnifiant le plaisir, tout en le dénonçant et en insistant sur le devoir de procréation.

Cette manière de pensée se retrouve dans la tradition judéo-chrétienne du premier siècle de notre ère. Philon d'Alexandrie, philosophe de la diaspora, le manifeste expressément. Juif de stricte observance et en même temps éminent intellectuel influencé par la pensée platonicienne, il s'attache à mettre en valeur la convergence entre la tradition biblique et la philosophie grecque. A l'instar des stoïciens, il montre le caractère néfaste de la passion amoureuse. Dieu, dit-il, bénit les époux qui s'accouplent dans le but de procréer mais punit ceux qui ont des rapports désordonnés et illimités. Au siècle suivant, vers 165, saint Justin écrit : « Nous, chrétiens, si nous nous marions, c'est pour élever des enfants ; si nous renonçons au mariage, nous gardons une continence parfaite. »

Entre les temps évangéliques et le triomphe du christianisme au IVe siècle, l'opposition entre chair et esprit grandit. La chair, celle que le Christ a revêtue pour sauver l'humanité, se voit surtout imaginée dans son aspect corruptible, et la sexualisation de la nature humaine est mise en évidence ; le charnel devient sexuel. Le péché originel est assimilé au péché de chair. Saint Augustin affirme à plusieurs reprises qu'il se transmet par la concupiscence et fut légué à l'homme par l'acte sexuel.

En même temps, le respect de la virginité se développe. C'est aux femmes d'ailleurs que s'adresse la première littérature chrétienne traitant de la sexualité. Tertullien écrit au début du IIIe siècle *Sur le Voile des vierges* et Cyprien *Sur la Tenue des vierges*. Mais c'est Méthode d'Olympe, mort en 311, qui inaugure la série des ouvrages vraiment consacrés à la virginité; et le thème connaît un grand développement au IVe siècle. Lorsqu'il s'adresse à des jeunes filles qui doivent choisir entre le mariage et la virginité, Jean Chrysostome n'évoque pas la continence; le problème ne paraît pas se poser. Par contre, lorsqu'il s'agit de veuves, il considère que la connaissance du plaisir sexuel et le souvenir qu'elles peuvent en avoir constituent un obstacle à la continence nouvelle qu'il leur demande. Il croit tellement que la connaissance du plaisir constitue un esclavage qu'il décrit des femmes incapables de répudier un mari infidèle ou acceptant des mauvais traitements tout simplement parce qu'elles ne peuvent pas avoir des relations sexuelles avec un autre partenaire si elles souhaitent demeurer au sein de l'Église. Il suit donc les enseignements du gynécologue Soranus, lequel considère que la continence est facile pour celles qui n'ont jamais connu les plaisirs de l'amour.

Alors que les évêques mettent en valeur les avantages de la virginité et les désagréments du mariage pour dissuader les jeunes filles de prendre époux, des hommes expérimentent dans les déserts égyptiens une continence qu'ils souhaitent définitive. Les nobles d'Occident, qui demandent à leurs médecins comment réduire leur activité sexuelle, se rendent en Orient ou se renseignent sur une telle expérience. Cette vie des premiers Pères du désert connaît des échecs, en raison particulièrement de pratiques homosexuelles avec de jeunes garçons. Il leur faut aussi combattre les pensées érotiques rendues célèbres par les tentations de saint Antoine. La lutte contre la concupiscence sexuelle s'accompagne d'une opposition à l'égard de la concupiscence du manger et du boire. D'ailleurs la luxure ne provient-elle pas souvent de l'excès de nourriture et de boisson? Cette double lutte, a-t-on dit, mènera l'homme vers l'impuissance, la femme vers la frigidité, accomplissement ultime d'une telle vie ascétique.

Cette manière de considérer la sexualité n'est finalement que la forme la plus répandue du thème stoïcien repris par le christianisme, à savoir le refus du plaisir.

CONDAMNATION DU PLAISIR CONJUGAL

Même dans le cadre conjugal la sexualité peut engendrer une souillure. Saint Jérôme, auteur d'un vigoureux traité contre le mariage, fort apprécié au XIIe siècle, reprend le texte d'un philosophe de deux siècles antérieurs, Sextus Empiricus, affirmant : « Adultère est aussi l'amoureux trop ardent de sa femme. » Et il ajoute : « A l'égard de l'épouse d'autrui, en vérité, tout amour est honteux ; à l'égard de la sienne propre, l'amour excessif. L'homme sage doit aimer sa femme avec jugement, non avec passion. Qu'il maîtrise l'emportement de la volupté et ne se laisse pas emporter avec précipitation à l'accouplement. Rien n'est plus infâme que d'aimer une épouse comme une maîtresse. Assurément ceux qui disent se joindre à leurs épouses dans l'intérêt de la chose publique et du genre humain et élever des enfants, qu'ils imitent au moins les bêtes et, lorsque le ventre des épouses aura gonflé, qu'ils ne corrompent pas les enfants. Qu'ils ne se présentent pas à leurs épouses en amants, mais en maris. »

Les jeux-partis eux-mêmes se réfèrent à cette limitation des plaisirs physiques dans le cadre du mariage. A la question : un amant obtient de sa dame toutes ses faveurs par ses seules prières, un autre épouse la sienne, lequel a le plus de joie : un personnage interrogé adoptant le premier parti répond :

L'époux, qu'il le veuille ou non,
doit aimer sa dame sans excès.
S'il se réjouit trop, il fait mal.

Grégoire le Grand (590-604), dans une lettre à saint Augustin de Canterbury, parle de la souillure du plaisir conjugal : « Nous ne prétendons pas que le mariage soit coupable. Mais parce que cette union conjugale licite ne peut elle-même avoir lieu sans volupté charnelle, on doit s'abstenir d'entrer dans un lieu sacré, la volupté ne pouvant, quant à elle, en aucune manière être sans faute. En effet, ce n'est pas d'adultère ou de fornication mais de légitime mariage qu'il était né, celui qui a dit : « J'ai été conçu dans l'iniquité et ma mère m'a donné le jour dans le péché... » Dans ce verset, cependant, il n'appelle pas iniquité la commixtion de mariage mais, évidemment, la volupté qu'elle implique. Il y a en effet beaucoup de choses qui sont reconnues licites et légitimes, mais que nous ne pouvons réaliser sans quelque souillure. »

De sorte que le « temps pour embrasser », pour reprendre l'expression d'un historien contemporain, est fort limité. L'année liturgique et le cycle de la femme constituent les deux grandes interdictions relatives aux rapports entre époux. Il est interdit de s'accoupler la nuit dominicale ou lors d'un temps de pénitence. Et le mariage ayant pour but d'engendrer des enfants, les rapports sont défendus pendant la grossesse, voire durant l'allaitement ; de même lors des règles considérées avec effroi par les hommes du Moyen Âge qui leur attribuent une influence néfaste.

Les interdits relatifs à la sexualité, même conjugale, deviennent donc légion. Les pénitentiels, listes de péchés et de pénitences, l'attestent abondamment. Le plus ancien qui soit conservé, celui de Finnian (milieu du VIe siècle), déclare : « Nous exhortons à la continence dans le mariage, car un mariage sans continence n'est pas un vrai mariage, mais un péché. Le mariage n'a pas été donné par Dieu pour la jouissance, mais en vue de procréer. »

Le pénitentiel le plus développé et dont l'influence s'est exercée durant des siècles grâce à sa diffusion est l'œuvre de Burchard, évêque de Worms. Il constitue le livre XIX de son *Décret* rédigé dans les années 1008-1012. L'auteur écrit, à propos de l'abus du mariage :

« Avec ton épouse ou avec une autre, t'es-tu accouplé par derrière, à la manière des chiens ? Si tu l'as fait, tu feras pénitence dix jours au pain et à l'eau.

« T'es-tu uni à ton épouse au temps de ses règles ? Si tu l'as fait, tu feras pénitence dix jours au pain et à l'eau. Si ta femme est entrée à l'église après l'accouchement avant d'avoir été purifiée de son sang, elle fera pénitence autant de jours qu'elle aurait dû se tenir encore éloignée de l'église. Et si tu t'es accouplé avec elle ces jours-là, tu feras pénitence au pain et à l'eau pendant vingt jours.

« T'es-tu accouplé avec ton épouse après que l'enfant a remué dans l'utérus ? ou du moins quarante jours avant l'accouchement ? Si tu l'as fait, tu feras pénitence vingt jours au pain et à l'eau.

« T'es-tu accouplé avec ton épouse après qu'une conception fut manifeste ? Tu feras pénitence dix jours au pain et à l'eau.

« T'es-tu accouplé avec ton épouse le jour du Seigneur ? Tu dois faire pénitence quatre jours au pain et à l'eau.

« T'es-tu souillé avec ton épouse en Carême ? Tu dois faire pénitence quarante jours au pain et à l'eau, ou donner vingt-six sous en aumône. Si c'est arrivé pendant que tu étais ivre, tu feras pénitence vingt jours au pain et à l'eau. Tu dois conserver la chasteté vingt jours avant Noël, et tous les dimanches, et pendant tous les jeûnes fixés par la loi, et pour la nativité des apôtres, et pendant les fêtes principales, et dans les lieux publics. Si tu ne l'as pas conservée, tu feras pénitence quarante jours au pain et à l'eau. »

Jean-Louis Flandrin, qui cite ce texte, estime qu'au VIIIe siècle les couples soucieux de respecter les enseignements de l'Église ne peuvent s'unir que quatre-vingt-onze à quatre-vingt-treize jours par an, sans compter les périodes d'impureté de la femme. Plus plausibles lui paraît la continence durant les seules périodes dominicales, ce qui aurait accordé à la sexualité conjugale cent quatre-vingt-quatre ou cent quatre-vingt-cinq jours par an. D'autre part, il semble qu'une évolution se dessine et qu'une répartition différente s'esquisse, les longues périodes de continence (les trois carêmes précédant Noël, Pâques et la Pentecôte) étant remplacées par des temps de courte durée.

De telles prescriptions constituent le reflet d'une mentalité qu'un exemple extrême permettra de mieux saisir, celui de Pierre Damien, presque contemporain de Burchard puisqu'il vécut de 1007 à 1072. Comme nombre de ses contemporains, il pense que l'homme a été créé pour remplacer les anges déchus. De la condition angélique découlent un corps spirituel et une vie contemplative, de sorte que les caractères de la condition humaine constituent le résultat d'une déchéance. Pierre Damien affirme à maintes reprises que l'homme est composé de deux substances, l'une inférieure, l'autre meilleure. L'âme apparaît comme divine, venue d'en haut, issue d'un autre principe que le corps, identifié pratiquement à l'ordure. L'époux se voit ainsi apostrophé : « Considère, homme énervé ou plutôt homme dévirilisé, ce que tu poursuis et sache que c'est poussière et cendre ce à quoi tu aspires, enflammé par les torches de la luxure ; lorsque tu prends dans tes bras les membres d'une femme, contemple la sanie, l'insupportable puanteur qu'elle sera dans peu de temps, afin que la représentation de cette pourriture à venir te fasse prudemment mépriser les déguisements d'une beauté de théâtre. » Pierre Damien stigmatise d'ailleurs également la manière dont ce corps a été formé. Citant un passage du livre de la *Sagesse* : « Pendant dix mois, j'ai été coagulé dans le sang par la semence d'un homme et le plaisir, compagnon du sommeil », il commente : « Qui ne serait contraint de reconnaître qu'il n'est que pourriture lorsqu'il considère la hideur à ce point obscène de son origine ? »

Il n'est pas surprenant dans ces conditions qu'il apparaisse résolument hostile à toutes les formes de plaisir physique. Celui-ci, pour lui, s'oppose à la vertu et découle de notre perversité.

Robert Bultot, dont nous suivons ici les analyses, montre que la sexualité n'est donc pour Pierre Damien qu'une sensualité vicieuse. Il ne la tolère, à regret, que dans le seul but de procréation. L'activité sexuelle est assimilée au boire et au manger. Le désir du mariage est mis sur le même plan que la luxure. Hostile au plaisir découlant des rapports sexuels, il voit dans les douleurs de l'enfantement une sanction de ce plaisir. Dans une lettre au pape Alexandre II, il vitupère longuement contre « la plupart des hommes qui, apprenant que la loi autorise à contracter mariage, ne témoignent d'aucun respect pour la discipline du devoir conjugal et n'usent pas avec tempérance des rapports avec leur épouse, c'est-à-dire ne s'assignent pas d'engendrer une descendance, mais se font les esclaves de leur goût inné pour le plaisir ».

Les rapports conjugaux ne constituent qu'une technique de reproduction. Et même la seule justification que Pierre Damien leur accorde, à savoir la procréation, lui apparaît comme une soumission au plaisir charnel, un acte intrinsèquement mauvais. « La plupart de ceux qui sont asservis à la volupté des attraits charnels désirent laisser après eux le souvenir de leur nom grâce à une postérité. » La virginité constitue un bien en soi, et la défloration, même dans le mariage, un mal. Le désir sexuel et sa réalisation entraînent une souillure, quel que soit le cadre dans lequel ils se déroulent.

Dans ces conditions, la notion de plaisir ne saurait intervenir, ce plaisir que nombre de clercs s'emploient à condamner. Huguccio, le principal commentateur de Gratien, formule de façon très claire ce qui découle des textes cités par le canoniste : le rapport conjugal « pour assouvir son désir ou satisfaire son plaisir est un péché mortel ». Pour un traité anonyme des environs de 1200, avoir des rapports entre époux « pour satisfaire le plaisir » est criminel et tenu ou jugé comme adultère.

Certains auteurs ne se bornent pas à stigmatiser le plaisir en tant que but du coït, ils voient dans celui-ci un péché, même lorsqu'il est ressenti dans des rapports destinés à la procréation. Innocent III, élève d'Huguccio, ne déclare-t-il pas : « Qui ne sait que les rapports conjugaux n'ont jamais lieu sans un certain désir de la chair, et la chaleur d'une répugnante concupiscence qui souille et corrompt les semences fécondées. »

De façon plus indirecte, des théologiens arrivent à la même conclusion. Pour Pierre le Chantre et son élève, le cardinal de Courçon, le rapport sexuel comporte deux phases. Alors que les époux ont commencé en vue de la procréation, il arrive un moment où ils sont submergés par les « délices de la chair » et commettent donc un péché véniel. Il faut aussi distinguer entre jouir et endurer le plaisir. Selon Guillaume de Courçon, un homme dévot est justement mécontent de ressentir du plaisir lors de l'acte sexuel. Pour ne pas commettre de péché tout en engendrant des enfants, il endurera le plaisir et ne jouira pas. Pierre Lombard lui-même affirme que la lettre de Grégoire le Grand selon laquelle le coït ne peut aller sans péché car il s'accompagne toujours d'un certain plaisir se vérifie fréquemment. « Il est presque impossible de trouver quelqu'un qui se livre aux étreintes charnelles sans aller parfois au-delà de l'intention de procréer des enfants », ce qui entraîne un péché véniel. Ainsi le plaisir lors des rapports sexuels constitue un péché pour nombre d'autorités éminentes, mortel parfois, à tout le moins véniel.

Une telle doctrine perdure au cours des siècles suivants, et ne se rencontre pas chez les seuls spécialistes de droit canon. Chaucer, dans ses *Contes de Canterbury*, la place dans la bouche d'un vertueux curé. C'est pécher mortellement, déclare celui-ci, que d'avoir des rapports non pour donner la vie, ou pour payer la dette, ou pour éviter l'impudicité, mais seulement pour le plaisir.

Et, au xve siècle, Bernardin de Sienne, dans un de ses sermons, pose la question : un mari peut-il « user de sa femme uniquement pour le plaisir ou principalement pour le plaisir » ? Les maris disent souvent : « Pourquoi ne jouirais-je pas de mes biens et de ma femme ? » A cette question Bernardin répond : « Elle n'est pas à toi, mais à Dieu. » Et c'est un péché – un péché mortel – d'avoir des rapports « trop fréquents, trop affectueux ».

Toutefois, à la même époque, le point de vue moins rigoriste d'Augustin l'emporte. La recherche du plaisir n'est que faute vénielle, et bien des théologiens le suivent sur ce point, tels que Thomas d'Aquin, Bonaventure, Pierre de la Palud ou Jean Gerson. Mais nul d'entre eux ne justifie les rapports en indiquant qu'ils évitent la fornication. L'union destinée uniquement à procurer du plaisir est condamnée.

Bien plus, ils affirment que l'amoureux « trop ardent » est adultère et précisent ainsi leur pensée. Lorsque l'excès

– la trop grande ardeur – est apparent, il y a péché mortel. Deux critères sont essentiellement proposés. Pour l'un, il y a amour immodéré lorsque l'on préfère l'union avec sa femme à l'union avec Dieu comme fin dernière. Une telle définition manque toutefois de clarté et aboutit à signifier que préférer une réalité finie à Dieu constitue un péché mortel.

Un autre critère porte sur les circonstances affectives. « Le mari aurait-il souhaité avoir des rapports sexuels avec la femme qui est la sienne s'il ne l'avait pas épousée ? » Dans ce cas, il se rend coupable d'un amour trop ardent. Il est toutefois difficile, écrit Antonin, de répondre à une telle question qui doit figurer dans un ensemble permettant de juger si des comportements objectifs ont eu pour fin d'éviter la procréation. Cet amour trop ardent consiste alors à « user de sa femme comme d'une prostituée ».

Dans une certaine mesure, c'est le fait de traiter une personne, la femme, comme un objet de plaisir qui est condamné. Et, dans ce cas tout au moins, le refus du plaisir va de pair avec une défense des valeurs conjugales.

Si l'amour trop ardent est condamné, il n'est pas question d'amour modéré. Le curé de Chaucer résume les interdits lorsqu'il s'oppose à toute union « en vue du plaisir amoureux ». Le seul fait d'être marié ne permet pas les rapports sexuels. Ainsi que l'affirme le curé, si un homme et une femme s'unissent seulement pour s'unir, ils commettent un péché mortel. La procréation constitue donc bien le seul but du coït.

Le plaisir conjugal toléré [1]

Si les clercs médiévaux considèrent avec suspicion la sexualité, même conjugale, c'est qu'ils craignent – peut-être aussi regrettent-ils ! – le plaisir que celle-ci engendre,

1. Pour ce paragraphe, comme pour le précédent, on se reportera tout particulièrement à J. T. Noonan, *Contraception et mariage. Évolution ou contradiction dans la pensée chrétienne.*

sinon à coup sûr, du moins fréquemment. Certains toutefois pensent que ce plaisir peut ne pas constituer un péché.

L'idée que le plaisir sexuel est un mal prédomine surtout à la fin du XIIe siècle. Au siècle suivant, une telle opinion tend à s'atténuer. L'affirmation de Guillaume d'Auxerre selon laquelle il est nécessaire que le plaisir sexuel ne plaise pas, bien plus, qu'il déplaise à la raison pour que l'acte n'engendre pas de péché est qualifiée par saint Bonaventure de probable, mais il la repousse, la trouvant trop dure. Il faut attendre toutefois le triomphe de la doctrine aristotélicienne pour que le plaisir soit réhabilité. Ce sera l'œuvre de saint Thomas d'Aquin.

Pour Aristote, le plaisir est un sentiment subjectif lié à l'accomplissement d'un acte. Comme il ne constitue pas un acte par lui-même, il ne peut être jugé sur le plan moral. Cependant, acte et plaisir ne sont pas séparables puisque, déclare le philosophe grec, « sans activité il n'y a pas de plaisir, et chaque activité s'accomplit en un plaisir correspondant ». Juger un acte amène à juger le plaisir qui l'accompagne. Le plaisir lié à une activité valable est bon, celui uni à une activité indigne est mauvais.

Thomas d'Aquin, qui tente d'harmoniser foi et raison, exprime le même avis. Le plaisir suit l'acte qui l'a engendré ; le même jugement doit donc être porté sur les deux. Et Thomas d'appliquer ces principes au plaisir sexuel. Les rapports conjugaux étant bons, le plaisir qu'on en ressent l'est également : « Le plaisir qui naît de l'acte conjugal, bien que très grand, n'excède pas les limites fixées par la raison avant son début, même si au cours de ce plaisir la raison ne peut pas en fixer les limites. » Thomas affirme même que Dieu, pour pousser l'homme à l'acte qui pourvoit aux déficiences de l'espèce, joignit le plaisir à l'union.

Dans ces conditions pourquoi, selon Thomas, la recherche du plaisir sexuel constitue-t-elle au moins un péché véniel ? C'est que les possibilités agréables mises à la disposition de l'homme sont ordonnées aux nécessités de sa vie comme à leur fin. L'homme tempérant agit donc en fonction de ses besoins, trouve le plaisir en agissant, mais n'agit pas pour trouver le plaisir.

Le plaisir ne peut-il pas constituer parfois un besoin ? Aristote s'était demandé s'il n'était pas permis à l'homme de le rechercher pour se détendre. Thomas admet que le divertissement ou le repos ne sont pas des fins en soi, mais des moyens permettant par exemple de se préparer à l'action. Mais lorsqu'il écrit que « l'homme tempérant désire des choses agréables pour conserver sa santé ou pour garder son corps en bonne forme », il ne résout pas le problème de savoir si l'on peut rechercher le plaisir sexuel comme une qualité intermédiaire.

Le franciscain anglais Richard Middleton va bien plus loin. Dès 1272, il présente une défense du plaisir comme fin. Il s'agit, affirme-t-il, de l'opinion de certains théologiens, mais il admet que des arguments peuvent être avancés à l'appui de cette thèse. La recherche d'un plaisir modéré ne constitue pas un abandon à la concupiscence. Le plaisir ne peut être mauvais en soi, car la tempérance qui consiste à l'atténuer ne serait plus susceptible d'être considérée comme une vertu. Enfin, l'union de l'homme avec son épouse est chaste en raison du sacrement de mariage. Le plaisir modéré constitue donc une fin acceptable de l'union conjugale. Ainsi est justifiée l'attitude des personnes mariées qui ne pensent pas explicitement à la procréation lorsqu'elles ont des rapports. Mais les idées de Middleton restèrent sans écho pendant deux siècles.

Nous voici vers le milieu du XVe siècle. Un esprit nouveau se manifeste dans un ouvrage, *La Vie exemplaire des couples mariés*, écrit par un moine de Roermond aux Pays-Bas, Denys le Chartreux. Le livre comporte des éléments de théologie traditionnelle et manifeste en même temps le désir de s'adapter aux besoins des couples chrétiens. Denys déclare avec force que le mariage est bon – il rappelle toutefois que le célibat est meilleur. L'acte conjugal s'avère charitable lorsqu'il a pour but de rendre le devoir ou de procréer un enfant. Il est permis pour éviter la fornication de l'un des époux. Il convient toutefois de ne pas dépasser certaines limites naturelles. Mais l'auteur ne s'en tient pas là. Les époux doivent être unis par un amour spirituel en désirant leur salut commun, par un amour naturel puisqu'ils sont des êtres humains, par un amour social car ils vivent ensemble. Doivent-ils aussi s'aimer d'un amour charnel fondé sur le plaisir des sens ? Denys, se référant à la théorie d'Artistote, estime que, l'acte conjugal étant bon, les personnes mariées peuvent s'aimer à cause du plaisir mutuel qu'elles se donnent. Il admet ainsi l'amour charnel. Mais son œuvre, édifiée dans un monastère, a peu marqué la théologie universitaire.

Toutefois, l'argumentation sur le plaisir de Richard Middleton est vers la même époque reprise et développée par un universitaire parisien, Martin Le Maistre (1432-1481).

Le Maistre ne tient pas compte des distinctions d'Augustin sur les intentions qui président aux rapports entre époux. Il s'agit de trouver un juste milieu entre deux excès : ce sera la « chasteté conjugale » qui se situe entre l'impudicité et l'insensibilité. Toutes les unions entre époux qui n'ont pas pour but de procréer ne sont pas contraires à la chasteté conjugale, affirme-t-il, et ceci lorsqu'elles ont lieu pour les raisons suivantes : remplir le devoir conjugal, éviter la fornication, rechercher la santé corporelle, acquérir la tranquillité de l'esprit.

Le Maistre rejette ainsi les avis de la majorité tenant pour péchés véniels les rapports conjugaux en vue d'éviter la fornication et pour péchés mortels ceux destinés à procurer du plaisir. Il va même plus loin : « Je dis que quelqu'un peut désirer prendre du plaisir, d'abord par goût de ce plaisir lui-même, ensuite pour éviter l'ennui et la peine d'une mélancolie qui proviendrait de l'absence de ce plaisir. Les rapports conjugaux qui servent à éviter la tristesse issue de l'absence de plaisir sexuel ne sont pas coupables. » A ceux qui lui opposeraient Augustin et Aristote, Le Maistre répond qu'Augustin n'est hostile qu'aux rapports « immodérés » et « contre nature » et qu'Aristote ne s'oppose pas à la jouissance de choses agréables lorsqu'elles profitent au corps et à l'âme. Le plaisir constitue un bien et ce n'est pas servir la concupiscence que de le rechercher, c'est au contraire placer celle-ci sous l'autorité de la raison.

Ses arguments, dit-il, ne s'opposent pas à la procréation, car les personnes en bonne santé peuvent plus facilement engendrer. Et à ceux qui doutent que le plaisir puisse être recherché comme une fin capable d'être rapportée à Dieu, il rétorque qu'Aristote permet d'utiliser le plaisir à une fin honnête ; par conséquent il est possible de l'utiliser pour Dieu.

Certes Le Maistre fait montre de prudence. Il s'abrite derrière l'autorité d'Aristote. Il paraît parfois admettre que la recherche du seul plaisir constitue un péché véniel, mais aussitôt il revient au philosophe grec selon lequel la droite raison permet l'union en vue du plaisir, de même qu'elle permet de manger de l'agneau ou du mouton ; il suffit que l'usage en soit modéré.

D'ailleurs l'opinion selon laquelle les rapports effectués en vue du plaisir constituent un péché mortel se révèle très dangereuse. Un homme simple, en effet, choisira d'avoir des rapports avec une autre femme que la sienne lorsqu'il souhaitera jouir. Ainsi Le Maistre est amené à justifier des rapports conjugaux sans intention de procréer. S'appuyant sur la raison, il supprime le lien entre procréation et rapports légitimes.

Mais cette thèse qui s'oppose à une tradition millénaire ne rencontra qu'hostilité pendant un siècle.

Et l'influence de telles théories sur le plan social paraît évidemment négligeable. Les paysans, qui constituent la grande majorité de la population, connaissent les enseignements de l'Église grâce aux sermons de leur curé ou de prédicateurs itinérants et aux admonestations entendues en confession. Sans doute nombre d'entre eux recherchent-ils du plaisir en couchant avec leur femme – bien plus en culbutant leurs servantes, ainsi que le montrent les lettres de rémission. Les théories d'Aristote, les réflexions des universitaires les dépassent de cent coudées.

Il importe cependant de souligner que plusieurs éléments interviennent à partir du xe siècle. La réforme grégorienne destinée à rendre l'Église indépendante souhaite pour ce faire cantonner les laïcs dans le mariage, les clercs dans le célibat et subséquemment la continence. Elle fait triompher au XIIe siècle le mariage monogamique, indissoluble. Et celui-ci doit être profitable aux conjoints. Dans une *Somme pour confesseurs* composée vers 1210-1216 par Thomas de Chobham, les épouses sont invitées à profiter des instants les plus intimes – « dans le lit et au milieu des embrassements » – pour prêcher à leurs maris ce qui est bien. De semblables conseils sont donnés aux hommes. Ainsi l'apostolat conjugal est introduit dans l'acte même de l'union.

L'éviction, la condamnation du plaisir sexuel ne constituent qu'un élément d'une conception plus générale de l'existence terrestre.

5

Le mépris du monde [1]

La vie sur cette terre n'est qu'un passage de courte durée destiné à préparer la vie éternelle. Il importe de se soucier uniquement de son salut, de mener une existence qui, à l'instar de celle des moines, doit se rapprocher le plus possible de celle qui sera vécue auprès de Dieu. Tous les plaisirs seront donc rejetés – à commencer, nous l'avons vu, par celui qui accompagne l'union conjugale. C'est la doctrine dite du « mépris du monde » – en latin *contemptus mundi.*

Un poème suggestif

Roger de Caen, bénédictin qui passa la majeure partie de son existence à l'abbaye du Bec, en Normandie, où il mourut vers 1095, est très probablement l'auteur d'un *Carmen de mundi contemptu*, poème qui illustre parfaitement cette doctrine. Il souhaite rappeler aux moines leurs engagements. Ses recommandations relèvent d'une conception générale du néant des choses humaines. Le moine qui a choisi le renoncement aux biens de ce monde ne doit plus souhaiter de choses éphémères. Puisque son but est de gagner le ciel, qu'il dédaigne la terre! La vie n'est qu'une lutte incessante contre mille tentations.

1. Sur ce thème, voir les travaux de Robert Bultot dont sont tirés les textes cités au début de ce chapitre.

Roger, de façon abrupte, condamne tout plaisir : « N'aimez rien de ce qui plaît aux sens, car ce qui charme la chair nuit à l'esprit ; les joies du monde engendrent des souffrances éternelles ; la vie brève prive de la vie éternelle. » L'auteur ne pense nullement à un juste milieu entre la dépravation et l'ascétisme, de sorte que les plaisirs licites paraissent englobés également dans cette condamnation. Qu'est-ce que l'honneur, la richesse, la gloire et la jeunesse ? La beauté, la noblesse, la force, la femme, les vastes domaines, les riches demeures, les pierres précieuses, l'or, l'argent ? La puissance, une science étendue, les fausses voluptés, la vie même ? Ce que la peste, le voleur ou l'ennemi ne peuvent enlever, la mort l'arrache. Et de rabaisser chacun de ces éléments capables d'engendrer du plaisir.

Plaisir issu des honneurs et du pouvoir. Ceux qui l'éprouvent n'ont plus conscience de la condition humaine. Ils ne remarquent que ce qu'ils ont. Ils ont oublié ce qu'ils sont, c'est-à-dire des créatures mortelles, périssables. La condition la plus élevée apparaît comme la plus exposée aux dangers, tel l'arbre puissant abattu par un vent violent alors que l'humble myrte demeure en sécurité. Le contraste est évident entre la grandeur des actions terrestres et la petitesse du tombeau. Un vase suffit à contenir César, autrefois plus puissant que l'Univers entier.

La richesse offre les mêmes dangers que la puissance. Roger dépeint le riche toujours inquiet, poussé par la cupidité à commettre des forfaits. Le pauvre au contraire connaît la quiétude. Certes un bel habit n'occulte pas les tares humaines, mais Roger ne veut même pas considérer cette beauté.

Condamnation des plaisirs de la table, des mets raffinés, de la vaisselle précieuse, du cadre luxueux, de la conversation animée, des chants de convives, des accents mélodieux des instruments. « Gorgé de mets, ventre plein, épanoui de bonheur, le cochon prend avec des courtisanes les plaisirs de la nuit. »

La science, pas plus que la gloire ou la richesse,

n'empêche la mort. Platon a étudié les secrets de la nature, il a acquis de multiples connaissances ; et maintenant il n'est que cendres. C'est le destin de tous les grands esprits que de finir comme les autres hommes.

Quant à celui qui se vante de sa robustesse, il a tout au plus des traits communs avec les animaux. Sous le rapport des aptitudes physiques, les bêtes nous surclassent même.

La jeunesse disparaît vite. L'adolescent se transforme rapidement en un vieillard décrépit. La beauté qui constitue un danger pour la vertu s'estompe. Et cette notion nous amène à la femme que notre auteur vitupère longuement, car « elle brise par ses perfides attraits la force et l'esprit de l'homme ». Elle transforme ce que la nature lui a donné. Condamnation du plaisir que peut procurer la vue d'une jolie femme, des efforts qu'elle fait pour s'embellir en se fardant les yeux, en se perçant les oreilles pour y pendre des boucles, en jeûnant pour avoir le teint pâle, en se coloriant le visage, en s'épilant les sourcils, en se comprimant les seins, en se décolorant les cheveux. Roger reprend un thème traditionnel : « Si ses entrailles étaient ouvertes et le reste de sa chair, tu verrais quelles saletés recouvrent sa peau blanche. Si une pourpre éclatante recouvrait un fumier, y aurait-il quelqu'un d'assez fou pour aimer à cause d'elle le fumier ? »

La vie humaine est donc brève et pleine de maux. Froid, chaleur, faim, soif, décès d'êtres aimés, maladies, accidents... La maladie détruit la santé. La mort met un terme à la vie. Tout ce que les sots estiment précieux est insignifiant. Il faut donc rechercher des choses dignes d'un homme sage.

L'homme est grand, mais sur le plan spirituel – ce qui doit l'amener à mépriser les réalités terrestres, car elles ne sont que temporelles.

Mépris de soi, mépris du monde. Même si le discours s'adresse à des moines, les idées qu'il véhicule n'en existent pas moins. Comment alors, dans ces conditions, rechercher le plaisir, voire ne pas le refuser. Mais Roger de Caen représente-t-il un courant puissant de la pensée cléricale ?

Excellence d'une vie sans plaisir

Déjà Jean, dans son Évangile, oppose le Verbe et la chair : « Le Verbe est venu chez lui et les siens ne l'ont pas reçu. Mais à tous ceux qui l'ont reçu, il a donné pouvoir de devenir enfants de Dieu, à ceux qui croient en son nom qui ne sont nés, ni du sang, ni du désir de la chair, ni du désir d'un homme, mais de Dieu. »

Le mépris du monde porte d'abord sur les plaisirs des sens, les plaisirs de la chair. Mais pour certains auteurs, il prend une forme plus radicale, intégrant en quelque sorte les plaisirs de l'esprit. Ainsi pour Pierre Damien la vie spirituelle consiste en un renoncement intégral. Écrivant à un homme de loi d'une ville de Romagne, il lui demande d'être indifférent, bien plus, de mépriser toutes les réalités profanes. Les deux épouses de l'homme sont la vertu et le plaisir, écrit-il. La volupté a trait à cette vie, la vertu à la gloire éternelle. Celle-là est aimée en raison de ses charmes : celle-ci apparaît odieuse parce qu'elle propose aux hommes des choses dures et pénibles. Mais Dieu a déposé en nous la vertu ; alors le plaisir provient de notre perversité.

Un siècle plus tard, le futur Innocent III, dans un traité de jeunesse intitulé *Du mépris du monde*, surenchérit : « La femme conçoit dans l'impureté et la puanteur, engendre avec tristesse et douleur, nourrit avec angoisse et labeur, veille avec instance et peur... Qui a jamais passé ne fut-ce qu'un seul jour entièrement agréable dans sa jouissance ? »

Vers la même époque, bien avant les danses macabres du XVe siècle, Hélinand de Froidmond, trouvère devenu moine cistercien, écrit dans ses *Vers de la mort* :

Que vaut beauté, que vaut richesse,
que vaut honneur, que vaut hautesse ?
Puisque la mort tout à sa guise
fait sur nous pluie et sécheresse.

Ce sont là discours de clercs, c'est-à-dire d'hommes ayant pour mission d'appeler les fidèles à la pénitence pour qu'ils accèdent à la vie éternelle. Et, à la fin du XIIe siècle, il s'agit peut-être également de dénoncer les nouveaux riches qui profitent de l'évolution économique et sociale.

La conséquence logique de ce mépris du monde consiste à fuir ce dernier. Puisqu'il n'est que désillusion, que l'existence terrestre se caractérise souvent par des malheurs et des souffrances, toujours par sa brièveté, il faut suivre le conseil de saint Bernard dans son sermon aux écoliers parisiens si exposés aux dangers de la vie urbaine. « Fuyez, fuyez et sauvez votre âme; courez aux villes de refuge. » Les villes de refuge, ce sont les monastères ruraux, car la doctrine du mépris du monde est essentiellement monastique. Son succès apparaît lié au renouveau de la fin du XIe siècle qui pousse quantité de gens à fuir les plaisirs profanes pour se consacrer entièrement à Dieu.

Et cette mentalité se retrouve aussi sans doute dans bien des comportements, chez celui qui sur son lit de mort distribue sa fortune aux pauvres et aux établissements religieux, chez ceux qui abandonnent êtres chers et biens terrestres pour prendre la route sous l'habit du pèlerin ou du croisé sans grand espoir bien souvent de revenir, chez ceux qui suivent les prédicateurs itinérants ou adhèrent à des doctrines hérétiques marquées par un refus de toute compromission avec le sexe, la violence, l'argent.

Même si les doctrines pessimistes reculent à la fin du XIIe siècle, il n'en reste pas moins que les clercs prônent en général une existence exempte de plaisirs. Certains confondent en effet la voie que doivent suivre tous les chrétiens pour atteindre la perfection et celle qui est fondée sur la règle de la vie monastique. Et bien des ecclésiastiques conseillent à des personnes mariées une existence qui ressortit pratiquement à la vie contemplative. Ainsi à la fin du Moyen Âge des règles de vie chrétienne revêtant pour un certain nombre la forme de « journées » établissent-elles un emploi du temps quotidien que doit suivre toute femme désireuse de faire son salut. Ces textes ne font aucune référence à certains aspects de la vie familiale, notamment les rapports conjugaux, considèrent avec réserve les tâches domestiques et le rôle de la femme dans la société et ne prêtent guère attention au décor matériel. Ils rappellent à tout propos que l'état de vierge et de veuve est bien supérieur à celui de femme mariée et que la vie contemplative est préférable à la vie active.

Pour certains directeurs de conscience, la journée d'une femme mariée ressemblera à celle d'une veuve, l'une et l'autre devant consacrer de longs moments à la prière, subordonner les besognes matérielles au spirituel. Les relations conjugales ne sont absolument pas évoquées. Un tel projet de vie, conçu d'abord pour une élite, devient bientôt un modèle pour toutes les femmes. Mais comment concilier tâches matérielles déclarées indispensables et méprisées et aspiration à une existence spirituelle hautement prônée ?

Le temps profane est calqué sur le temps religieux. Lorsqu'elle ne se trouve pas à l'église, la femme prie dans sa chambre où elle se retire pour éviter la société et se recueillir. Après dîner, elle y récite complies et fait son examen de conscience avant de se coucher. Dans un tel contexte, le plaisir, même sous la forme d'une agréable conversation avec une amie, n'est pas recherché ; il semble au contraire évité et apparaît comme un intrus susceptible de s'opposer au rythme d'une existence entièrement tournée vers Dieu.

Les prédicateurs exhortent les fidèles à renoncer aux plaisirs.

Plaisir de se maquiller. La femme ne doit pas tenter de dissimuler ses imperfections, de réparer les outrages des ans. Les sermons abondent en récits imaginaires destinés à montrer les dangers de la coquetterie, tel celui-ci. Un bourgeois de Paris a épousé une vieille femme ridée et fanée. Un jour de fête, elle se pare plus que d'habitude et se met à suivre la procession paroissiale. Le mari qui se trouve derrière, apercevant de loin une chevelure d'un blond doré, surmontée d'une coiffure élégante, s'imagine qu'elle appartient à une jeune fille d'une beauté merveilleuse. Poussé par la curiosité il presse le pas, et puis se retourne brusquement : « O ciel ! s'écrie-t-il tout confus en reconnaissant son épouse à ses rides, êtes-vous changée en singe, madame ? Il fait meilleur vous suivre que vous rencontrer. Par-derrière, vous êtes une femme ; par-devant vous en êtes une autre. On peut bien dire de vous : le sac vaut mieux que le trousseau. »

Plaisir de s'habiller. Le frère Richard, cordelier (franciscain) prêchant en 1429 à Paris, demande à ses auditeurs de faire pénitence et de changer de mœurs. Au retour de son sermon, le jour de la Saint-Marc, c'est-à-dire le 25 avril, les Parisiens sont si bouleversés qu'en moins de trois ou quatre heures ils font plus d'une centaine de feux où ils brûlent « tables à jeux, trictracs, dés, cartes à jouer, billes, billards, et tous autres jeux pouvant servir à se mettre en colère et maugréer dans les jeux d'argent ». Le même jour, ainsi que le lendemain, les femmes viennent brûler « les atours de leur coiffure, tels que bourreaux, truffaux, pièces de cuir ou de laine qu'elles mettaient à leurs chaperons pour les rendre plus raides ou les retrousser par-devant ; quant aux demoiselles, elles abandonnent leurs cornes, leurs queues et une grande foison de leurs pompes ».

Avant lui un imposteur, un certain frère Thomas, agit de la même manière. Lorsqu'il aperçoit dans son auditoire de nobles dames portant haute coiffure, il excite contre elles les jeunes garçons au cri de « Au hennin, au hennin ! » si bien que les femmes sortent encapuchonnées comme des béguines. « Mais, écrit le chroniqueur Monstrelet, à l'exemple du limaçon qui retire ses cornes lorsque l'on passe près de lui et les ressort lorsqu'il n'y a plus rien, ainsi firent-elles, car peu de temps après le départ du prêcheur, elles se comportèrent comme auparavant. »

Le pouvoir civil, mais avec d'autres motivations, promulgue nombre de lois somptuaires. Sans succès bien souvent.

Plaisir de manger. Les clercs stigmatisent ceux qui

recherche des mets nouveaux. Pour le ventre d'un homme, disent-ils, des serviteurs vont « au loin cueillir des racines dans des montagnes inconnues et désertes, pêcher des poissons dans des rivières profondes ou récolter dans des lieux secs d'inutiles arbustes... Les autres se perdent en vaines études en préparant les mets, excogitant un nombre infini de décoctions, fritures et savourements ; désirant, tout comme des femmes grosses, leurs aliments tantôt mous, tantôt durs, tantôt froids, tantôt chauds, tantôt bouillis, tantôt rôtis, tantôt assaisonnés au poivre, tantôt à l'ail, tantôt à la cannelle, tantôt au sel ». Les recherches culinaires ne constituent donc pour eux que goinfrerie.

Les applications

Dans quelle mesure une telle doctrine peut-elle être vraiment appliquée ? Pour trouver des êtres capables de mener une existence exempte de tout plaisir, il faut se tourner vers ceux que l'Église donne en exemples, à savoir les saints.

Une personne, un thème.

La vie de saint Étienne, fondateur du monastère d'Obazine, situé non loin de Brive dans le département actuel de la Corrèze, a été écrite par un moine de cet établissement, contemporain des dernières années d'Étienne. C'est au cours de la période 1159-1190, peu après la mort du saint en 1159, qu'il compose son récit. Bien que l'œuvre obéisse, assez légèrement d'ailleurs, à certaines règles de l'hagiographie, elle contient de précieuses remarques en raison de la date de sa composition.

Étienne, dont les parents sont de condition honorable sans être illustre, prend la direction de la maisonnée familiale après la mort de son père et la dirige avec une ferme sagesse. Il est pourtant encore asservi aux plaisirs de la chasse et sensible aux frivolités de ce monde. Mais après que Dieu l'a fait accéder au sacerdoce – il n'est même pas encore moine –, il « quitte définitivement le genre de vie du siècle. Ce qu'auparavant il méprisait en esprit, il y renonça dans ses actions et dans sa conduite : le rire et l'insouciance d'autrefois se changent en affliction et la gaieté en tristesse. La capture des âmes remplace la chasse aux animaux sauvages. Plus de recherches de riches vêtements, les mets agréables préparés avec soin ne lui inspirent désormais plus que dégoût.

« Il portait à la place de vêtements moelleux un cilice à même la chair. Son pain arrosé de larmes lui tenait lieu de mets agréable et il mêlait ses pleurs à son breuvage. Somme toute, il soumettait son corps à une telle austérité qu'il l'anéantissait presque, autant par le froid que par le manque de nourriture. En plein hiver, quand tout est engourdi par le gel et par le froid, il cassait la glace avec une hache et se plongeait jusqu'au cou dans l'eau glacée. Il y restait jusqu'à ce que le froid l'ait pénétré tout entier » (trad. M. Aubrun).

Mais Étienne ne se contente pas de la vie déjà normalement austère d'un prêtre. Il souhaite renoncer au siècle et édifie un monastère avec l'aide de quelques compagnons. Tenant les privations menées jusqu'alors pour insuffisantes, il porte en secret une cuirasse qu'il dissimule à même sa chair pendant des années jusqu'à ce qu'elle se défasse peu à peu.

Étienne impose aux autres religieux une stricte discipline. « Il réprimandait et châtiait si durement l'indiscipline et les désobéissances des siens, surtout des jeunes et des enfants, que les témoins étaient frappés de terreur. La discipline était telle que le fait de lever même un peu les yeux, de sourire ou d'entreprendre quelque tâche sans en avoir reçu l'ordre était suivi d'un sévère châtiment. Des règlements étaient établis qu'il n'était pas permis de transgresser à moins que ce fût exigé par un ordre ou par un travail prescrit.

« Le silence, chez eux, était absolu, le jour et la nuit, non seulement dans le cloître, mais partout où quelque occupation ou travail les retenaient. »

Quant à Étienne, il ne cesse d'infliger à son corps des peines de plus en plus dures.

Une telle ascèse ne rebute pas les foules puisque, de retour d'un voyage à la Chartreuse, le saint homme décide d'agrandir les bâtiments devenus trop petits en raison du nombre croissant des religieux.

Pour les femmes, Étienne fait construire un monastère dans un endroit assez retiré de la forêt, sur un emplacement rocailleux, bordé de rochers et entouré par de hautes montagnes, de sorte que les habitantes ne peuvent voir que le ciel et les monts alentours. Lorsque l'on visite aujourd'hui cet établissement – Coyroux – dont il ne reste que des ruines, on s'aperçoit que l'endroit est fort insalubre. Misogynie du saint homme ?

Une telle existence n'apparaît pas exceptionnelle lorsqu'on la compare à celle d'autres contemporains portés sur les autels.

Un thème, celui du jeûne.

Le jeûne, dont les Écritures fournissent quelques exemples, ne revêt une signification religieuse importante qu'à la fin du IIIe et au début du IVe siècle. Certains tentent de réduire le fait de manger à une nécessité physiologique. Pour Grégoire de Nysse, mort vers 395, le plaisir du goût paraît comme la mère de la volupté défendue. Origène, Cyrille et Basile laissent entendre qu'il faut s'infliger des souffrances pour détruire le plaisir et mener le corps vers la vertu, au besoin contre son gré.

En tout cas, jeûne et eucharistie dominicale caractérisent alors les chrétiens. Jeûner c'est courir le risque de mourir de cette faim qui menace toutes les créatures vivantes pour obtenir de Dieu qu'il accorde aux hommes abondance et salut. C'est aussi, selon Léon le Grand, pape de 440 à 461, participer à la charité divine, car le jeûne permet les aumônes qui nourriront le prochain. Quand nous jeûnons, « le Christ reçoit sa nourriture ».

Au VIIe siècle, Isidore de Séville parle du jeûne comme d'une union avec les anges. « Le jeûne est chose sainte, œuvre céleste, la porte du royaume, le cadre de l'avenir, car celui qui l'accomplit saintement est uni à Dieu, il demeure à l'écart du monde et son esprit s'élève. » Ainsi le jeûne n'est pas seulement signe de deuil, de purification, de pénitence ; il est également ascèse. On peut déjà lire, dans un ouvrage attribué à l'abbé Nilus, mort en 403 : « C'est le désir de nourriture qui a engendré la désobéissance, c'est le plaisir du goût qui nous a chassés du paradis. La jouissance de la bonne chère ravit le palais, mais elle engendre le ver de la licence qui jamais ne s'endort. Celui qui a l'estomac vide est prêt à veiller et à prier, celui qui a le ventre plein a envie de dormir. »

Bien des Pères de l'Église associent nourriture et concupiscence et considèrent que l'abstention de nourriture constitue un remède au désir sexuel. De même, un traité du milieu du XIVe siècle destiné aux vierges déclare : « Le jeûne guérit la maladie, assèche les humeurs du corps, met les démons en fuite, chasse les mauvaises pensées, éclaircit l'esprit et purifie le cœur, sanctifie le corps et élève l'homme jusqu'au trône de Dieu. »

La lecture des livres de cuisine médiévaux peut faire supposer que les aristocrates respectent ces obligations. Au XIIIe siècle cependant, jeûne et abstinence ne ressemblent guère à l'idéal prôné par les auteurs anciens. Le jeûne s'achève à none et non plus aux vêpres et, au XIVe siècle, il se termine à midi ; en outre, une petite collation est autorisée le soir. Le mot abstinence signifie seulement privation de viande, même si quelquefois on évite le lait et les œufs. Les dispenses se multiplient. Et les livres de cuisine du bas Moyen Âge donnent à penser que riches bourgeois et nobles se délectent en savourant toutes sortes de poissons durant le carême.

Pourtant, alors que pour beaucoup l'ascèse alimentaire perd de sa rigueur, quelques monastères nouveaux (cisterciens, chartreux) développent dans leur sein une austérité sans précédent.

Du VIe au XIIe siècle se manifeste une évolution dans la manière dont théologiens, juristes, prédicateurs abordent le problème ; plus ils légifèrent sur la nourriture, plus les chrétiens s'inquiètent devant les excès d'un certain formalisme. Et Bonaventure, mort en 1274, de déclarer : « N'allez surtout pas croire que c'est vertu plus grande de s'abstenir de nourriture que de manger avec modération. »

Une telle opinion qu'un Saint Louis adopte, d'ailleurs avec quelque excès, n'est pas partagée par tous, et certains, notamment des femmes, appliquent une ascèse rigoureuse en matière de nourriture.

Saint Louis, ainsi que le montre Jacques le Goff, tente d'avoir des manières de table proches de celles des moines. Il souhaite se comporter comme un prud'homme, c'est-à-dire faire preuve de modération, de tempérance. Ses biographes nous dépeignent un homme qui aime beaucoup les fruits, les bons poissons, tel le brochet ; il a d'autant plus de mérite à réfréner ses désirs. Saint Louis a entendu parler d'un religieux qui s'abstient absolument de manger des fruits, à une exception près : quand on lui donne un fruit en primeur, il en goûte une fois en rendant grâce à Dieu, puis s'en prive le reste du temps. Le roi rapporte ce fait à son confesseur, regrettant de ne pouvoir imiter cet exemple, mais il a l'idée d'agir de manière opposée : quand il reçoit un fruit nouveau, il n'en mange pas par esprit de sacrifice, puis ensuite il en consomme sans avoir mauvaise conscience. Et Geoffroy de Beaulieu déclare n'avoir jamais vu personne mettre autant d'eau dans son vin.

Selon Guillaume de Saint-Pathus, franciscain, confesseur de la reine Marguerite, veuve de Saint Louis, bien que le roi aime beaucoup les grands poissons, il laisse fréquement de côté ceux qui lui sont amenés et s'en fait apporter de petits. Il ordonne même parfois de dépecer en morceaux les grands poissons afin de faire croire qu'il en a consommé, alors qu'il se contente d'un potage et fait donner les poissons pour le service de l'aumône. Souvent, quand on lui apporte du rôti ou d'autres plats et sauces délicieuses, il met de l'eau dans l'assaisonnement pour détruire le bon goût de la sauce. Et si le serveur lui dit : « Sire, vous détruisez la saveur », il lui répond : « Ne vous en préoccupez pas, je l'aime mieux ainsi. » Il mange fréquemment du potage de mauvais goût ou des mets grossiers. Et quand on lui apporte un plat délicieux, il y ajoute de l'eau froide et en ôte le plaisir de la saveur. Lorsque les premières lamproies à Paris sont amenées à table devant lui et devant les autres, il n'en mange pas et les donne aux pauvres. Et il agit de même pour les fruits nouveaux, bien qu'il les apprécie, ainsi que pour toutes les primeurs.

Saint Louis a mis au point un régime alimentaire qui consiste à manger ce qui est moins bon, à ôter le goût des mets savoureux, à s'abstenir des aliments qu'il préfère (poissons, fruits), à manger et boire de façon modérée, à jeûner souvent. Naturellement porté aux plaisirs de la table, il se contraint à y renoncer, de même que, doté d'un chaud tempérament, il observe de façon ultra-scrupuleuse les règlements de l'Église relatifs à la sexualité conjugale.

Des chrétiens vont plus loin. Les vies de Marie d'Oignies, Ide de Louvain, Élisabeth de Spalbeck, Marguerite d'Ypres par exemple, toutes originaires des Pays-Bas, montrent que ces femmes en arrivent à ne plus pouvoir se nourrir normalement et à éprouver des souffrances à la vue ou à l'odeur des aliments. Pleine de remords pour avoir mangé, Marie d'Oignies se mutile et décide d'engager un long jeûne ; elle se nourrit une seule fois par jour, n'absorbe ni vin, ni viande, se contente généralement d'un pain noir grossier qui lui met la gorge en sang ; une fois, après trente-cinq jours d'abstinence et de silence complets, elle tente de manger quelque chose, mais l'odeur lui est intolérable et elle ne peut que boire le vin de la coupe des ablutions. Ide de Louvain, fille d'un marchand, n'absorbe que du pain moisi et, si on lui offre quelque nourriture, elle fait un mélange pour en ôter le bon goût. Élisabeth de Spalbeck prend seulement, de mauvaise grâce, quelques gouttes de lait. Si quelqu'un porte à ses lèvres des fruits, de la viande, du poisson, elle se borne à en avaler le suc, mais n'absorbe rien de solide.

Pour leurs biographes, ces femmes mystiques en jeûnant manifestent leur désir de renoncer au monde. Elles contestent plutôt ainsi la richesse familiale qui engendre un sentiment de culpabilité. Et le jeûne les identifie au Christ souffrant.

Mais Angèle de Foligno trouve le pus « aussi délicieux que la communion ». Le plaisir n'est-il pas alors une composante de la nature humaine à laquelle nul ne peut échapper ? Car les hommes vivent au jour le jour.

Troisième partie

Plaisirs en tous sens

Hugues de Saint-Victor, mort en 1141, à qui la postérité devait décerner le titre de nouvel Augustin, écrit : « Le corps a cinq sens : la vue, l'ouïe, l'odorat, le goût, le tact, par lesquels l'âme s'ouvre d'une manière appropriée au-dehors vers les choses visibles et produit tout ce qui est agréable, convenable, utile, nécessaire au corps, tout comme par la raison et la contemplation, elle se dirige vers le monde invisible en rentrant en elle-même. L'homme se compose d'une double nature, l'une spirituelle, l'autre corporelle : ainsi il est muni d'une double faculté cognitive. Au-dedans il est doué de la raison, qui est orientée à la contemplation de l'invisible, au-dehors il est doué de la sensibilité qui jouit de la contemplation du monde visible. La raison trouve dans les biens invisibles son fruit et son plaisir, comme la sensibilité découvre dans les biens sensibles la délectation qui lui est adaptée. »

Il existe ainsi, au bas degré, des plaisirs sensibles issus d'un objet matériel, affectant l'un des cinq sens et appelés pour cette raison plaisirs des sens. Il faut passer par l'intermédiaire du corps pour aboutir au plaisir. Si tout plaisir n'est pas limité aux sens, il a toujours une origine plus ou moins sensorielle.

Peut-on établir une hiérarchie des cinq sens ? Selon Roger Bacon, la vue est le plus noble d'entre eux. L'ouïe constitue l'organe de la méthode d'autorité, tandis que l'odorat, le goût et le toucher fournissent une sagesse tout animale. C'est de la vue que la méthode expérimentale retire le plus de profit ; sans elle, impossible de connaître ou de vérifier. Cette supériorité de la vue se comprend encore mieux lorsque l'on raccorde les cinq sens aux quatre éléments, eux-mêmes d'importance inégale. A la vue se rattache le feu, à l'ouïe l'air, à l'odorat la vapeur d'eau qui est entre l'air et l'eau ; le goût se situe entre l'eau et la terre, enfin le toucher est commun à tous les membres.

Mais l'homme pour être sensible à la beauté ne doit pas être tenaillé par la faim ! Et bien qu'Aulu-Gelle, paraphrasant l'*Éthique* d'Aristote écrive dans les *Nuits attiques* que « ces deux plaisirs du goût et du toucher, c'est-à-dire la gloutonnerie et l'amour physique, sont les seuls plaisirs communs aux hommes et aux animaux, et que par conséquent tout homme qui est asservi à ces plaisirs bestiaux est compté au nombre des brutes et des bêtes », les plaisirs de la table constituent un élément fondamental de la sociabilité médiévale.

6

La table

Manger et boire

La nourriture

Paysans et seigneurs ne partagent pas la même alimentation, et une évolution s'est produite du ve au xve siècle. Mais au-delà d'un clivage social, il existe des goûts communs à tous.

Les historiens du siècle dernier présentent la cuisine médiévale comme grasse, lourde et indigeste. Cette vision est inexacte à en juger par les sauces. Celles-ci n'utilisent aucun corps gras, tel que huile ou beurre. De la mie de pain, des amandes ou des noix pilées, du jaune d'œuf permettent de les épaissir.

Les sauces médiévales contiennent comme élément principal une substance plus ou moins acide, telle que verjus – suc extrait du raisin cueilli vert –, vinaigre, parfois jus d'orange amère ou de citron. S'y ajoutent des épices. De sorte que la saveur acide-épicée est prédominante et permet d'éveiller le palais.

La sauce verte très répandue, signalée dans tous les ouvrages culinaires, se fait ainsi : « Prends du gingembre, de la cannelle, du poivre, de la noix de muscade, du clou de girofle, du persil et de la sauge. Pile d'abord les épices, puis les herbes, et mets le tiers de la sauge et le persil, et si tu veux 2 ou 3 gousses d'ail. Mouille de vinaigre ou de verjus.

« Note que dans toutes les sauces et tous les condiments, il faut mettre du sel et de la mie de pain pour épaissir [1]. »

La cuisine médiévale apparaît, malgré sa légèreté, fort éloignée de notre « nouvelle cuisine ». En effet, elle ne cherche pas à conserver le goût et l'aspect des produits naturels. Les mets revêtent une apparence trompeuse, tels que le « bœuf comme venaison d'ours » ou l' « esturgeon contrefait de veau ». Ils sont colorés à l'aide de produits naturels et artificiels. La racine d' « orcanette » fournit un rouge lumineux. Les orseilles « tournesoc » ou « tournesol », lichens foliacés, permettent d'obtenir des rouges pouvant aller au violacé, au violet et même au bleu. Les cuisiniers ne souhaitent donc pas laisser aux aliments leur couleur naturelle, mais les doter de couleurs brillantes et agréables.

Les épices dont l'utilisation a régressé considérablement depuis le XVIIe siècle sont très appréciés au Moyen Âge. On appelle alors ainsi les substances aromatiques provenant de l'Orient. Le *Viandier* en cite seize indispensables pour confectionner les recettes qu'il mentionne. Mais il en existe bien d'autres.

Certaines épices utilisées sous l'Empire romain ont disparu alors que d'autres apparaissent progressivement, tels le clou de girofle, la cardamome, le galanga, la noix de muscade, le macis ou la graine de paradis. Le poivre, consommé en grande quantité dans l'Antiquité, occupe une place moins importante dans la cuisine médiévale ; il entre dans une recette sur trois au maximum et le *Viandier* n'y a pas recours. La cause de ce recul est d'ordre social. Le poivre, en effet, constitue les trois quarts des épices importées par Venise sur le plan quantitatif. Son faible prix, par ailleurs assez stable, en permet une consommation habituelle et en fait une épice utilisée par des classes sociales peu fortunées, étudiants, soldats,

1. Les recettes sont données d'après *La Gastronomie au Moyen Âge*, textes présentés par O. Redon, F. Sabban et S. Serventi (avec des conseils pour les appliquer). Nos propos sur le goût doivent beaucoup aux travaux de Bruno Laurioux.

voire prisonniers. Le médecin Arnaud de Villeneuve, au XIVe siècle, le qualifie d'« assaisonnement du pauvre ». Par contre les épices plus rares et plus onéreuses, telles que clou de girofle, muscade et macis, graine de paradis, sont réservées à l'aristocratie. Néanmoins le goût des épices est répandu dans toutes les classes de la société, et plus de 80 pour cent des recettes en contiennent. Ainsi les brochettes d'anguilles de la Saint-Vincent : « Ayant préalablement mis dans un récipient du sel, du vinaigre et une petite goutte d'huile, avec quatre sortes d'épices, à savoir du poivre, des épices, des clous de girofle et de la cannelle – de chacune la moitié d'une once –, avec un rameau de romarin, il ne cesserait d'oindre l'anguille de cette " eau de gingembre ". Quand l'anguille est bien cuite, sur les morceaux placés dans un récipient ils pressèrent six grenades avec bien vingt oranges et saupoudrèrent de beaucoup de fines épices. »

Les épices n'entrent pas seulement dans la confection des plats de viande et de poisson. Potages, entremets, issues en réclament. Pour faire des poires au sirop, « faites cuire des poires à l'eau jusqu'à ce qu'elles soient tendres. Épluchez-les et coupez-les en morceaux. Prenez de la cannelle en bonne quantité et passez-la trois ou quatre fois à travers une étamine avec du bon vin au-dessus d'un pot. Ajouter du sucre, en grande quantité, de l'anis, du clou de girofle, du macis, et, si vous voulez, des dattes coupées et des raisins de Corinthe. Mettez sur le feu et quand cela bout, ajoutez les poires. Laissez cuire le tout. Quand cela a cuit suffisamment, veillez à ce que cela soit bien couleur de cannelle et ajoutez de la poudre de gingembre en grande quantité. Veillez à ce que cela soit doux et servez ».

Les boissons également, tels le clairé ou l'hypocras, vins épicés, miellés ou sucrés que l'on sert surtout en fin de repas avec des confitures ou des confiseries. Pour faire un lot d'hypocras – c'est-à-dire quatre pintes qui équivalent chacune à 98 centilitres à Paris, soit 3,92 litres – il faut procéder de la manière suivante. « Prenez une once [30 grammes environ] de " cinamome " nommée longue cannelle en pipe, une cloche de gingembre et autant de galanga et broyez-les bien ensemble. Puis prenez une livre de bon sucre, pilez le tout ensemble et détrempez avec un bon lot du meilleur vin de Beaune que vous pourrez vous procurer. Laissez mariner une heure ou deux. Puis passez plusieurs fois à travers une chausse jusqu'à ce que cela soit bien limpide. »

Ces épices ne sont toutefois pas utilisées sans discernement. L'assaisonnement, plus que la cuisson, intervient dans l'art culinaire médiéval.

Variété, mais aussi quantité. Chaque membre de l'hôtel de Béatrice de Hongrie, mère du Dauphin Humbert II de Viennois, dispose au début du XIVᵉ siècle de 1,18 kilo d'épices par an. Dans la mesure où une partie sert à faire des cadeaux, ce chiffre peut être quelque peu réduit. Évidemment, étant donné les prix, au fur et à mesure que l'on descend dans la hiérarchie sociale, la consommation diminue.

Pourquoi une telle utilisation? Pour qui croirait qu'il s'agit de masquer l'odeur de mets décomposés, il suffit de noter les conseils donnés par les traités culinaires : précision des mélanges, notation des prédominances, moment de l'intégration dans les mets. Ainsi un ouvrage propose pour la grue, l'oie ou le porcelet rôtis une sauce aigre-douce comportant également de la marjolaine et du safran, mais il signale que pour les oiseaux de rivière le safran ne convient pas et il ajoute que « le bon cuisinier pourra à ce sujet user de bon sens et s'adapter à la diversité des pays ». Il ne s'agit donc pas d'occulter un goût, mais d'en trouver d'agréables au palais des convives. Parfois l'épice donne son nom au mets, telle la sauce cameline (à la cannelle).

L'utilisation des épices n'apparaît pas uniforme.

Diversité sociale. Les moins fortunés se contentent d'herbes odoriférantes, telles que persil, marjolaine, fenouil, menthe, ou encore de bulbes comme l'ail ou l'oignon. Ces derniers toutefois se retrouvent dans des mets recherchés. Les sauces aillées (simple, blanche, rose, pour poissons) apparaissent fréquemment dans les livres de cuisine. « Aillée pour toute viande. Prends l'ail et cuis-le sous la braise. Puis pile-le bien et mets de l'ail cru et de la mie de pain, des épices douces et du bouillon. Pile ensemble toutes ces choses et fais bouillir un peu la sauce et sers-la chaude. » L'ail dont l'odeur rappelle le vilain n'est pas indigne des grandes tables s'il est associé à une préparation culinaire permettant de tempérer sa force. Et les convives doivent avoir le choix entre plusieurs sauces. Dans un fabliau, l'épouse d'un comte voulant se comporter dès le jour de ses noces en maîtresse de maison ordonne au cuisinier de ne faire que des sauces aillées. Le comte la punit car l'ail et la femme, modestes plaisirs, doivent rester à leur place.

Diversité géographique. Les Italiens continuent d'user du poivre et apprécient le safran qu'ils produisent, préférant même parfois leur production, moins subtile mais moins chère que le safran oriental. Les Français sont sensibles à l'association gingembre-cannelle, avec une prédominance du premier ; ils adoptent au XIVe siècle la graine de Paradis qui présente quelque ressemblance avec le poivre, mais coûte plus cher, ce qui permet aux seuls riches de pouvoir l'utiliser.

Tous les comptes d'hôtel de Mahaut, comtesse d'Artois au début du XIVe siècle, comportent un article spécial des « épices de chambre » qui semblent avoir été les plus fines, alors que les épices communes apparaissent au chapitre de la fruiterie, à titre d'épices de garnison, ou de la cuisine. Une somme importante est consacrée chaque année aux épices qui coûtent fort cher, car elles proviennent de pays exotiques. Il en est fait ample provision, surtout aux environs de la Chandeleur, en raison du Carême.

Dans un compte de 1318 figure une note « d'épices de garnison pour le carême prises à Pierre le Vaillant », épicier parisien. Elle comprend : 400 livres d'amande à 9 sous la livre ; 20 livres de gingembre à 5 sous ; 20 livres de cannelle à 3 sous ; 20 livres de poivre à 4 sous ; 3 pains de sucre, pesant au total 30 livres, payés 7 livres ; 3 livres de safran pour 42 sous ; 4 livres de clous de girofle pour

42 sous; 2 livres de cubèbe (?) pour 40 sous; 2 livres de macis pour 28 sous; 3 livres de galanga pour 20 sous; 3 livres de grains de paradis pour 45 sous; 4 livres de poivre long, 16 sous; une livre de noix de muscade, 8 sous; 12 livres de cumin, 8 sous; 90 livres de gruau, 30 sous; 130 livres de riz à 5 deniers la livre; 6 livres d'amidon pour 6 sous; 70 livres de graspois (graisse) à 4 sous la livre. Au total 64 livres 17 sous 6 deniers.

Certes il existe une cuisine commune aux différents pays occidentaux. Le blanc-manger est connu aussi bien en Italie qu'en Angleterre, en Allemagne, en Catalogne, en France. L'exigence du blanc entraîne l'usage d'ingrédients de cette couleur. Comme ce mets est peu épicé, les médecins le recommandent aux malades. Et les hommes du Moyen Âge en étant très friands, les cuisiniers ont inventé des formules pour le carême, où du poisson à chair blanche remplace la poule ou le chapon.

Mais ce blanc-manger, selon la région, peut se préparer de façon diverse. Les Anglais décorent plus fréquemment d'amandes la surface de l'écuelle. « Pour faire le blanc-manger. Laisse tremper le riz toute une nuit dans l'eau et au matin lave-le bien... Quand la préparation est assez épaisse, saupoudre d'une bonne quantité de sucre, ajoute des amandes frites dans de la graisse blanche et sers. » Les Français sucrent moins et préfèrent le riz entier : « Si tu veux, tu peux le faire avec du riz entier, tel que délayé et préparé avec du lait de chèvre, à la manière d'outremont. Et quand tu le sers, mets dessus des amandes frites dans le lard et du gingembre blanc coupé. » Les Italiens utilisent plutôt la farine de riz et ont coutume d'épicer plus que les autres.

Il ne faut d'ailleurs pas se fier aveuglément au nom des plats. Le livre de cuisine de l'Italien Martino comporte la recette d'un blanc-manger qui, destiné à napper les chapons, peut être jaune : « Si tu veux que ce mets soit de deux couleurs, prends un jaune d'œuf et du safran; mélange ces choses à une partie du blanc-manger et ajoute du verjus pour qu'elle soit plus aigre que la blanche. De cette manière, elle s'appellera " genêt ". Et si tu as deux chapons, tu couvriras l'un de la blanche, et l'autre de la jaune. »

Au total il faut parler de préférences plus que de différences, les cuisiniers préparant les plats d'un répertoire international en fonction des goûts nationaux, voire d'une élite sociale. On le constate pour le sucre.

Un aspect surprenant de la cuisine médiévale pour le contemporain est son indifférence à distinguer les plats salés des sucrés, même si l'un des goûts l'emporte. Toute sauce, tout brouet peut comporter à la fois des éléments sucrés et salés.

Le Moyen Âge occidental, contrairement à une idée répandue, utilise assez peu le miel, à la différence de l'Antiquité romaine. Le sucre est pourtant onéreux, sucre de la canne cultivée en Sicile et en Andalousie, sucre importé de pays orientaux plus lointains. En France, il sert avant tout, au XIIIe siècle, à des fins médicales et apparaît peu dans les préparations culinaires jusqu'au XIVe siècle, alors que la Catalogne, l'Italie et l'Angleterre l'utilisent déjà grandement. Au début du XIVe siècle, les cuisiniers français adoucissent 10 pour cent à peine de leurs préparations. Certes il est possible de sucrer sans sucre, et les vins doux, les fruits secs sont utilisés pour les mets de couleur brune ou noire, alors que le sucre jeté en pluie généralement – comme les autres épices – sur les mets à servir renforce leur couleur blanche. Ainsi les Anglais attirés par les saveurs aigres-douces ou qui réduisent la force des épices par une addition de sucre s'opposent aux Français qui préfèrent les saveurs acides associées aux épices.

Les Italiens, tout comme les Anglais, apprécient le sucre. Mais ce qui constitue déjà le caractère original de la cuisine italienne, c'est la présence fréquente des pâtes qui se manifeste à la fin du Moyen Âge. Ces pâtes peuvent être déjà préparées de façon fort variée : raviolis, lasagnes, macaronis, vermicelle, gnocchi...

« Pour faire des lasagnes, prends de la pâte fermentée et fais une forme aussi mince que possible. Puis divise-la en carrés de trois doigts de côté. Puis prends de l'eau bouillante salée et fais cuire dedans les lasagnes susdites. Et quand elles seront bien cuites, ajoute du fromage râpé.

« Et si tu veux, tu peux mettre aussi de bonnes épices pulvérisées, et les pulvériser sur celles-ci, une fois sur le tailloir. Puis mets dessus une couche de lasagnes et pulvérise des épices de même ; et par-dessus une autre couche et des épices pulvérisées : cela jusqu'à ce que le tailloir ou l'écuelle soient pleins. Ensuite on les mange en les prenant avec une baguette de bois pointue. »

Les lasagnes constituent le terme d'un travail de la pâte connu depuis l'Antiquité. La recette susdite a pour particularité d'utiliser de la pâte fermentée, c'est-à-dire une pâte levée. D'autres livres de recettes italiens contiennent des recettes de lasagnes à base de farine et d'eau, cuites dans un bouillon de viande les jours gras et accommodées au lait d'amande en temps de carême. Ici, les lasagnes sont cuites uniquement à l'eau salée. Notons que l'on utilise pour les manger bien chaudes un outil qui évite de se brûler les doigts. La fourchette ne tardera pas !

Les goûts diffèrent même de région à région. En France les Bretons ont la réputation de beaucoup aimer le lait et les fromages. Dans le *Privilège aux Bretons*, texte satirique de la fin du XIIIe siècle, le pape leur accorde le droit de manger lait et fromage les jours maigres et les jours gras.

En ce qui concerne les matières grasses, le médecin Jean Despars signale que les habitants de Zélande et de Frise apprécient tellement le beurre qu'ils en mêlent à la cervoise et au vin. Au contraire, le beurre est inconnu des pays méditerranéens, et lorsque le roi René vient s'établir en Provence – pays de l'huile d'olive –, il doit s'adresser à un compatriote angevin pour qu'il lui en fournisse. En temps de carême, l'huile est employée dans toutes les régions, mais la coûteuse huile d'olive est remplacée par l'huile de pavot dans le Nord, l'huile de noix en Bourgogne.

Diversité chronologique. Les goûts varient, fréquemment de manière assez lente. Le sucre, jusqu'alors peu apprécié en France, est adopté vers les années 1400. Une véritable passion pour cet aliment se manifeste au

XVe siècle, en particulier dans les pays méditerranéens qui cultivent la canne à sucre. Le goût s'oriente donc vers des assaisonnements moins aigres. La sauce cameline du XVe siècle est bien plus douce que celle du siècle précédent. Bruno Laurioux remarque que cette sauce de couleur chaude (celle du chameau) obtenue grâce à la cannelle peut être rapprochée des tissus camelins fort appréciés alors en Occident et pense que la couleur de la préparation plus que le goût peut-être attirait les hommes du Moyen Âge.

Le terme de mode peut s'appliquer à la graine de paradis qui a un vif succès en France à la fin du Moyen Âge. Peu connue au début du XIVe siècle, elle constitue une épice essentielle au siècle suivant pour retomber dans l'oubli au XVIe siècle. Il existe, en effet, un public aristocratique friand de nouveautés transmises ensuite à des milieux moins huppés, petits seigneurs ou bourgeois. La cherté de la graine de paradis constitue une raison pour utiliser un produit que ne peuvent s'offrir la plupart des gens.

Il existe au Moyen Âge une circulation culinaire. Maître Martino exerce à Rome mais éprouve de l'admiration pour la cuisine catalane et s'incline devant les sauces françaises. Nous possédons deux versions, toutes deux italiennes, de la tourte de Hongrie, et les livres de cuisine font état aussi bien du chaudeau flamand que de la tourte française ou du potage des Lombards, voire du brouet sarrasinois.

Quelle raison pousse l'auteur du *Ménagier de Paris* à considérer tel brouet comme britannique ? Peut-être les mots comptent-ils autant que la préparation culinaire, l'imaginaire, l'évocation de pays étrangers rejoignant la réalité. Et bien des plats dont l'appellation dans les divers pays est proche sur le plan phonétique ne se distinguent que par des différences infimes. Aussi peut-on parler à la fois de variété et d'unité. Les cours princières se déplaçant, les recettes ne restent pas confinées dans un espace restreint.

Et la cuisine qui flatte le goût peut permettre aux

techniciens de faire preuve de sensibilité ; ainsi dans ce pâté d'oiseaux vivants, recette donnée par maître Martino : « Fais une forme de pâté bien grande et au fond tu lui feras un trou assez grand pour y passer le poing, ou plus grand si tu veux. Les bords doivent être un peu plus hauts que d'habitude. Tu feras cuire au four cette forme, remplie de farine. Quand elle sera cuite, tu ouvriras l'orifice du dessous et tu retireras la farine ; tu auras préparé un autre petit pâté plein de bonnes choses et, bien cuit et prêt à manger, fait à la dimension de l'orifice préparé sous la grande forme, et par ce trou tu le mettras dans ladite forme ; dans le vide qui reste tout autour du petit pâté, tu feras entrer des oiseaux vivants, autant qu'il en peut entrer. Ces petits oiseaux doivent être introduits à l'instant même où tu dois présenter [le pâté] à table. Quand il aura été présenté à ceux qui sont assis au banquet, tu feras soulever le couvercle et les petits oiseaux s'envoleront. Le but est de divertir et réjouir l'assemblée. Mais pour qu'ils ne se croient pas roulés, tu feras couper et servir le petit pâté. »

Ainsi Martino, pour ne pas gâcher le plaisir procuré par l'envol des oiseaux, veille à ne pas infliger aux hôtes une frustration et à satisfaire également leur plaisir gustatif.

Mais est-il nécessaire d'avoir recours aux mets raffinés, délicats, pour éprouver du plaisir ? Le pain frais, le pain chaud fabriqué avec de la farine choisie et que l'on vient de retirer du four symbolise tous les délices du corps et de l'esprit, a-t-on écrit. Certes, il existe le pain des riches et le pain des pauvres, le pain des seigneurs et le pain des moines. Le *panis cibarius*, par exemple, est destiné aux domestiques, et saint Bernard signale que, pris avec de l'eau, il ne plaît pas à celui dont le corps est en repos ; mais il ajoute qu'il paraît délicieux à celui qui exerce son corps.

La boisson

Le vin joue un rôle fondamental parmi les boissons médiévales. Il est apprécié par toutes les classes de la société.

Le *Jeu de saint Nicolas*, de Jehan Bodel, décrit l'atmosphère d'une taverne.

RAOULET

Le vin mis en perce, tout fraîchement, à plein lot et à plein tonneau, sapide, souple, solide et charnu, montant comme écureuil au bois, sans nulle trace de moisi ni d'aigre, nourri de sa lie, corsé, ferme et nerveux, limpide comme larme de pécheur, s'attardant sur la langue des gourmets : les autres ne doivent pas y toucher !

PINCEDÉ
arrivant à la taverne

Alors, j'ai bien le droit d'en goûter, puisqu'il est taillé à ma mesure ! – moins gourmet que moi en boira – d'ailleurs, depuis toujours je lui suis fidèle.

RAOULET
verse du vin dans le hanap et l'offre à Pincelé

Vois comme il mange bien sa mousse, et sautille, et brasille et pétille ! Garde-le sur la langue quelque peu et tu sentiras, je t'assure, un supervin.

PINCEDÉ
goûte le vin que lui offre Raoulet

Ah ! Dieu ! c'est un vrai froment de Hénin ! Comme il arrange bien son homme [1].

Les Romains qui apprécient le vin en introduisent le goût et la culture en Gaule méridionale. Sous les Mérovingiens et les Carolingiens, les grands domaines comportent des vignes aussi souvent que possible. Le christianisme a d'ailleurs développé le rôle du vin, dans la mesure où celui-ci, en devenant le sang du Christ, tient une grande place dans la liturgie.

1. Traduction A. Henry.

La consommation de vin est proprement étonnante. Sous les Barbares d'ailleurs, les festins se transforment souvent en beuveries. Le repas terminé, en effet, on enlève habituellement les tables et les convives continuent à boire jusqu'à ce qu'ils deviennent complètement ivres. Selon Grégoire de Tours, on est tellement gorgé que les serviteurs dorment partout dans la maison, selon l'endroit où chacun est tombé.

Le 17 septembre 837, jour de fête, chacun des clercs du Mans boit 3, 636 litres, soit 1, 636 litre de vin et 2 litres de *potio*, laquelle est un composé de vins et d'épices. Juste avant les vendanges on liquide le vin de l'année précédente sous forme de potion, de sorte que les quantités absorbées doivent conférer à la fête un aspect de beuverie. Même les autres jours, la consommation de vin est importante. A Soissons, les vingt-cinq clercs qui desservent les moniales se voient attribuer pour toute l'année 250 muids de vin, soit 17 000 litres, ou encore 1,860 litre par jour et par personne. Il semble toutefois que dans la réalité ils reçoivent de moindres quantités.

Six siècles plus tard environ, vers 1400, les rations des cours du comte d'Auvergne et de Guillaume, seigneur de Murol, s'élèvent en moyenne à deux litres par jour et par personne, avec des variations sociales assez sensibles. Les femmes boivent aussi du vin couramment puisque Marguerite de Latour, prieur de Toul dans le Cantal, et son entourage féminin consomment trois quarts de litre par jour. Ces vins, même à la cour du comte, sont d'origine régionale. Mais il ne faut pas oublier que certains vins auvergnats, tel le Saint-Pourçain, comptent alors parmi les plus appréciés. Le comte accorde toutefois sa préférence à un autre vin, celui de Ris.

Les familiers de l'archevêque d'Arles, en 1424, disposent de 2,5 litres par personne chaque jour, soit près de 900 litres par an. Les pauvres eux-mêmes consomment des quantités importantes : 230 litres par jour pour les bouviers de l'hôpital d'Aix. Mais, pour les moins fortunés, il s'agit généralement de piquette. Et le goût se porte surtout vers les vins légers et peu alcoolisés.

Jusqu'au XIIIe siècle, les blancs sont particulièrement appréciés, notamment les vins dits français, c'est-à-dire produits dans la région de l'Ile-de-France au sens large. Vins acides et légers qui ne sont pas sans rappeler les goûts en matière culinaire.

A partir de la fin du XIIIe siècle, la consommation de vins forts se développe. Sont appréciés alors des vins plus méridionaux, tels que ceux produits par La Rochelle, Auxerre et Beaune. Ce dernier monte vite à la tête à en croire un texte du 12 mars 1483, selon lequel le 1er janvier passé, vers 8 ou 9 heures du soir, plusieurs compagnons se rendent dans une taverne appelée *Les Quatre Filz Hémond*, rue de la Juiverie ; ils réclament au tenancier du vin de Beaune, car le vin français ne les échauffe pas assez et n'est pas assez bon et fort.

Au XIVe siècle, les aristocrates et les bourgeois de l'Europe septentrionale accordent leur préférence aux vins de Bordeaux et de Bourgogne. Il s'agit de vins blancs, clairets et rouges, peu alcoolisés que l'on consomme rapidement, de préférence la première année, pour des raisons de conservation, mais aussi par goût.

Le cru auvergnat de Saint-Pourçain constitue alors l'un des vins de luxe. Dans la *Dispute du vin et de l'eau*, il se déclare fièrement :

... le plus grand
des vins et le plus réclamé
et des plus grands seigneurs aimé.
A la cour du Pape et de France
sur tous les vins j'ai l'audience,
car je suis né de bonne branche.
J'ai la bouche, j'ai la couleur :
nul homme ne peut trouver meilleur.

Les Italiens n'importent guère toutefois de vins français et préfèrent des vins plus corsés qu'ils produisent eux-mêmes. Par contre, comme leurs voisins, ils apprécient les vins liquoreux. La chrétienté occidentale tout entière, en effet, importe des vins doux de Crète, de Tyr et de Chypre, mais on cultive également le cépage malvoisie dans diverses régions italiennes. Si le vin de Chypre est fort prisé en France, en raison de son prix, seuls les grands seigneurs peuvent en boire.

L'hypocras apparaît à l'issue des repas que cite le *Ménagier de Paris*. Villon raffole de cette boisson, vin chaud additionné de cannelle, de gingembre et de poivre.

Le Moyen Âge n'a pas le souci contemporain de l'association mets-vins. Ceux-ci sont plutôt choisis en fonction du rang social, de l'activité sociale, de l'âge. Pour le maître, le vin de goutte léger et clair, pour les serviteurs des piquettes obtenues par pressurage des restes de la vendange. De façon plus précise, les blancs et les clairets, plus délicats et plus légers, sont réservés aux classes supérieures. Les vins noirs, plus nourrissants et, autre avantage, moins chers, conviennent aux travailleurs manuels. Les médecins conseillent aux jeunes gens de choisir des vins blancs et nouveaux auxquels ils ajouteront plus ou moins d'eau selon leur complexion ; ils recommandent aux vieillards des vins rouges et vieux, non coupés d'eau, qui réchauffent et rendent plus gais.

Celui qui boit du vin en quantité modérée, écrit Aldebrandin de Sienne, « selon les exigences et les possibilités de sa nature, et selon les usages, les pays et les saisons, il lui donne bon sang et bonne couleur et bonne saveur ; il renforce toutes les vertus du corps et rend l'homme heureux, débonnaire et bienheureux ».

Mais au-delà de ces généralités sur les satisfactions procurées par la nourriture et la boisson, nous allons essayer, à partir d'un exemple précis essentiellement, le banquet du Faisan, d'analyser les composantes du plaisir de la table qui ne relève pas seulement, tout au moins pour les aristocrates, de l'absorption d'aliments.

Banqueter

Le banquet du Faisan

Les Turcs ayant pris Constantinople en 1453, Philippe le Bon, duc de Bourgogne, prince fastueux, décide de lutter contre les infidèles. La chevalerie sera gagnée à l'idée de croisade au cours d'une fête brillante qui restera gravée dans les mémoires.

Les festivités débutent par un repas que le duc Jean de Clèves, neveu de Philippe, donne à son oncle et à la Cour le 14 janvier 1454 à Lille. Le comte d'Étampes offre à son tour, quelques jours plus tard, le 5 février, un festin « moult plantureux et riche et garni de plusieurs entremets nouveaux ». La couronne de fête est alors remise à Philippe en grande cérémonie.

Le banquet du Faisan offert par le duc de Bourgogne a lieu le 17 février 1454 en son château de Lille. Olivier de la Marche, maître d'hôtel et capitaine des gardes de Charles le Téméraire, nous a laissé une relation détaillée de cette fête magnifique.

A l'heure convenable, les convives se retrouvent dans une salle où le duc a fait préparer un très riche banquet. Philippe arrive, accompagné de princes et de chevaliers, de dames et de demoiselles, qui admirent les entremets.

La salle est grande et bien tendue d'une tapisserie sur laquelle est représentée la vie d'Hercule. On y pénètre par cinq portes que gardent des archers vêtus de robes de drap gris et noir. Les chevaliers et écuyers chargés de s'occuper du banquet sont les uns vêtus de drap damas, les autres de satin noir et gris.

Trois tables, une moyenne, une grande et une petite. Sur la moyenne, une église munie d'une croix, transparente et fort bien faite, comportant une cloche et quatre chantres ; un petit enfant tout nu sur une roche qui pisse continuellement de l'eau rose ; une caraque ancrée, garnie de marchandises et de marins ; une belle fontaine dont une partie est de verre et l'autre de plomb ; dans un petit pré, entouré de roches de topaze et de pierres étranges, un petit saint André avec une croix devant lui, et par l'un des bouts de la croix coule une fontaine.

La seconde table, la plus longue, comporte d'abord un pâté, dans lequel vingt-huit personnages jouent de divers instruments. Le second entremets est un château à la façon de Lusignan où, tout en haut de la tour maîtresse, se trouve Mélusine en forme de serpent, et d'où, par deux tours plus petites, sort quand on veut de l'eau d'orange qui tombe dans les fossés. Le troisième est un moulin à vent, en haut d'une motte avec une perche, au bout de laquelle se trouve une pie ; et tout autour des gens de divers états, munis d'arcs et d'arbalètes, tirent dans sa direction pour démontrer que tout le monde tire à la pie et qu'il s'agit d'un métier commun. Le quatrième consiste en un tonneau d'où coulent deux sortes de boissons, l'une bonne et douce, l'autre amère et mauvaise, et sur le tonneau un homme richement vêtu tient dans sa main une lettre comportant ces mots : « Qui en veut, en prenne. » Les convives peuvent également contempler un désert où un tigre merveilleusement fait combat un grand serpent ; un homme sauvage monté sur un chameau ; un personnage frappant avec une perche un buisson plein de petits oiseaux, et tout près, dans un verger clos de treilles de rosiers, un chevalier et une dame mangeant les oisillons ; un fou monté sur un ours, entre plusieurs montagnes étranges faites de roches variées ; un lac entouré de plusieurs villes et châteaux et, sur ce lac, une nef agréablement fabriquée.

La troisième table, plus petite que les deux autres, comporte une forêt merveilleuse où plusieurs bêtes étranges se meuvent d'elles-mêmes, comme si elles étaient vivantes ; un lion animé, attaché à un arbre au milieu d'un préau ; un marchand qui traverse un village avec à son cou une hotte pleine de toutes sortes de merceries.

Chaque plat comporte quarante-huit sortes de mets, et les rôtis sont servis sur des chariots recouverts d'étoffes d'or et d'azur.

Dans la salle, un haut buffet comporte de la vaisselle d'or et d'argent et des pots de cristal garnis d'or et de pierreries ; personne ne peut s'en approcher à cause des barrières de bois, à l'exception de ceux qui servent le vin.

La foule des seigneurs et des dames qui se pressent est si grande que l'on peut à peine remuer. Beaucoup d'invités ne participent pas au festin mais y assistent d'une estrade ; la plupart sont déguisés. Ils sont venus de loin pour voir la fête dont la renommée est grande.

Après avoir admiré les entremets, les participants sont conduits à leur place par les maréchaux de la Cour. Le nombre des seigneurs et des dames est tel que les tables sont occupées d'un côté et de l'autre. Le repas commence. Les mets et les vins ne retiennent guère l'attention des chroniqueurs, car les entremets accaparent les regards.

Lorsque chacun est assis, dans l'église du premier entremets la cloche sonne distinctement. Des enfants entonnent une chanson. Les musiciens du pâté alternent avec ceux de l'église. Huit intermèdes se déroulent. D'abord un cheval richement couvert de soie rouge entre à reculons et parcourt la salle ainsi. Un monstre, griffon par le bas, homme par le haut, chevauche un sanglier habillé de soie verte. Il jongle avec deux poignards et une épée, et porte sur ses épaules un homme qui, les pieds en l'air, se soutient par les mains. Un rideau de soie verte qui ferme une grande scène est tiré et l'on voit Jason combattre d'horribles bœufs. Après ce premier acte du mystère des *Aventures de Jason à Colchis* et un nouvel intermède musical, entre dans la salle un cerf merveilleusement beau, portant de grandes cornes d'or et couvert d'une riche housse de soie rouge. Il est monté par un jeune garçon de douze ans, vêtu de velours cramoisi, qui chante la chanson *Je ne vis jamais la pareille*. Un second acte du mystère de Jason est alors représenté : le héros tue un serpent hideux. Puis un dragon crachant du feu traverse la salle en volant et disparaît de façon inexplicable. Du plafond part un héron ; deux faucons le poursuivent et l'un d'eux le frappe si fort qu'il le fait tomber par terre. Quatre clairons sonnent une nouvelle fois pour le dernier acte du mystère de Jason qui sème les dents arrachées au serpent : aussitôt des hommes armés sortent du sol et se battent les uns contre les autres ; une fois le massacre terminé, le rideau est tiré. On joue de l'orgue dans l'église et dans le pâté un concert imite une chasse. « Tels furent les entremets mondains de cette fête. »

Arrive alors un énorme géant, vêtu d'une longue robe de soie verte rayée par endroits. Dans la main gauche il tient une grande hache à deux tranchants, et de la droite conduit un éléphant couvert de soie, sur lequel se trouve un château avec une dame. Celle-ci, sur sa robe de satin blanc, porte un manteau noir ; elle est coiffée d'un bonnet blanc de béguine. C'est Sainte Église qui demande du secours. Le géant représente les Sarrasins qui veulent l'asservir. La dame se lamente :

Secourez-moi sans hypocrisie ;
pleurez mes maux, car je suis Sainte Église, votre mère, ruinée et pleine de tristesse.

La fête atteint maintenant son acmé. De nombreux hérauts entrent dans la salle, suivis par le roi d'armes de la Toison d'Or. Il porte dans ses mains un faisan vivant, orné d'un riche collier d'or, garni de pierreries et de perles. Toison d'Or dit à Philippe qu'il est habituel au cours des grandes fêtes de présenter aux seigneurs le paon ou quelque autre oiseau noble pour prononcer des vœux. Le duc regarde l'Église, comme s'il avait pitié d'elle, et remet à Toison d'Or un écrit indiquant son vœu de secourir la chrétienté. L'Église remercie le duc et encourage les assistants à imiter leur maître. Puis elle se retire sur son éléphant. Dès son départ les nobles, de tous côtés, se mettent à faire des vœux et les consignent par écrit. Mais comme la fête risque de devenir trop longue, Philippe de Bourgogne ordonne de s'interrompre. Tous ceux qui voudront se lier par un engagement le feront le lendemain. Car la fête n'est pas terminée.

Chacun se lève de table, les entremets sont enlevés. Par la grande porte entrent de nombreux porteurs de torches, suivis de joueurs de tambourins, guitares et harpes. Et derrière eux vient une dame vêtue d'une robe de satin blanc. Sur son épaule gauche est écrit en lettres d'or « Grâce de Dieu ». Elle est accompagnée de douze chevaliers, conduisant chacun une dame par la main. Grâce de Dieu mène les douze Vertus devant le duc à qui elle remet un parchemin. Comme les vœux ont plu à Dieu et à la Sainte Vierge, ils envoient Grâce de Dieu et les douze Vertus auxquelles tous doivent obéir. Grâce de Dieu présente les jeunes femmes au duc : il s'agit de Foi, Charité, Justice, Raison, Prudence, Tempérance, Force, Vérité, Largesse, Diligence, Espérance et Vaillance, puis se retire tandis que les Vertus demeurent pour les divertissements.

Pendant la danse, les rois d'armes et les hérauts accompagnés de gentilshommes s'enquièrent auprès des dames et des demoiselles pour savoir qui a le mieux jouté ce jour-là : le prix est attribué à monseigneur de Charolais. Le vin et les épices sont apportés dans des coupes ornées de pierreries. Charolais fait annoncer une joute pour le lendemain. Vers 2 ou 3 heures du matin, le duc se retire avec sa cour.

Cette brillante manifestation n'illustre pas seulement le faste ducal mais apparaît comme un acte religieux et politique.

Sociabilité

Le plaisir de la table ne correspond donc pas chez les seigneurs au seul plaisir de manger. Les temps forts du festin médiéval ne se situent pas aux moments où les convives apprécient la nourriture, mais lors des entremets, c'est-à-dire lors des divertissements « entre les mets ».

Le spectacle ne se limite pas toujours à la prestation de jongleurs, d'acrobates, de mimes, de montreurs d'animaux savants ou de musiciens. Il est parfois d'une toute autre ampleur, à l'instar du tournoi qui, en 1343, se déroule dans la salle où se tient le festin offert au pape Clément VI par le cardinal Annibal de Ceccano. Lors d'un banquet organisé par Charles V en 1378, la prise de Jérusalem par les croisés est reconstituée.

Le terme d'entremets désigne cependant aussi des plats servis après les rôtis sans doute lors de ces divertissements. Parfois une véritable préoccupation esthétique intervient. Ainsi « le cygne revêtu de sa peau » est-il un animal rôti, coloré, et recouvert d'or et d'argent. Comme il est habituel de faire des vœux sur le paon, dont la chair est réputée imputrescible, on reconstitue soigneusement l'animal, en redressant ses plumes avec du fil pour le présenter aux convives comme s'il faisait la roue.

D'autre part, dans les festins aristocratiques le service est réglé à l'instar d'un ballet que dirige le maître d'hôtel. « Quand la table est couverte et que le panetier [a fait son travail], l'huissier de table va chercher l'échanson qui doit servir pour le jour et le mène à l'échansonnerie. Là le garde-linge donne le gobelet couvert, que l'échanson prend par le pied en sa main droite, et en la main gauche, il tient une tasse; [en même temps que le gobelet et la tasse, le garde-linge donne] les bassins, pots et aiguières pour le prince, au sommelier qui les lave et nettoie; et le sommelier donne le gobelet à l'échanson, qui se met après l'huissier de salle, qui porte, lui, les bassins pendant en la main gauche. Et après l'échanson marche le sommelier de l'échansonnerie, qui doit porter en sa main droite deux pots d'argent, où est le vin du prince pour l'un, et pour l'autre de l'eau; et doit être le pot du prince reconnu à une pièce de licorne pendant à ce pot avec une chaîne. Le sommelier doit porter en sa main gauche une tasse et pas plus, et dans cette tasse doit être couchée l'aiguière pour servir l'eau. Cette tasse que porte le sommelier sert à faire l'essai que l'échanson lui donne. Après le sommelier vient l'aide qui doit porter les pots et les tasses pour le buffet du prince » (texte cité par Bruno Laurioux).

Chaque geste est défini avec précision. Plaisir de voir ces mouvements parfaitement réglés. Mais l'une des principales causes de ce rituel réside dans la crainte des empoisonnements. Les grands personnages voient peut-être leur plaisir de manger de ce fait quelque peu diminué. En effet, une véritable psychose du poison apparaît à la fin du Moyen Âge, entraînant parfois un rejet complet de toute nourriture. Ainsi, selon Thomas Basin et Jean Chartier, Charles VII « délaisse le manger parce qu'il n'osait se fier à aucun de ses gens ». Sans en arriver à de telles extrémités, les princes généralisent les essais pour déterminer si les aliments contiennent du poison, ce qui affecte évidemment la convivialité.

Bien entendu, pour que le plaisir soit complet, il importe que les convives se tiennent bien. D'où les recommandations indiquées dans maints ouvrages, tel le *Roman de la Rose*. Comme nous nous sommes déjà référé à ce texte, nous ferons appel plutôt aux règles de conduite mentionnées par Bonvesin de la Riva dans un court traité, document précieux pour connaître l'art de manger et de boire en Lombardie au XIIIe siècle. Il va sans dire que de tels conseils ont une portée beaucoup plus large. Voici quelques-unes des *Cinquante courtoisies de table* qui permettront aux convives d'apprécier pleinement le repas :

Cinquième courtoisie : correct montre-toi à table,
courtois, paré, gai, dispos et affable.
Te montrer pensif ou grave ne dois, ni te vautrer,
ni croiser les jambes, ni te tordre ou t'appuyer.

Voici la suivante [vingt-cinquième] : qui partagerait la même assiette avec une dame,
couper la viande à celle-ci et à lui-même devra.
L'homme doit se montrer plus attentif, empressé et courtois
que ne le doit raisonnablement faire la timide dame.

Voici la suivante [vingt-septième] : ne dois trop presser
de mets et de boisson l'ami en ta maison ;
lui dois faire bon visage et bonne réception,
le bien traiter et le régaler volontiers [1].

« Il ne faut pas tant regarder ce qu'on mange qu'avec qui on mange... Il n'est point de si doux apprêt pour moi, ni de sauce si appétissante, que celle qui se tire de la société », écrit Montaigne trois siècles plus tard. Au-delà de la satisfaction d'un besoin, lorsque la grisaille de la vie quotidienne fait place à une vie communautaire au cours d'un festin, le fait de se trouver en bonne compagnie procure de l'agrément. Assis d'un seul côté de la table au Moyen Âge, les convives partagent les mêmes plaisirs des sens mais aussi de l'esprit, le festin devenant lieu d'échange des idées jusqu'à la pensée philosophique dans le *Banquet* de Platon, transmission du savoir jusqu'à la Révélation dans le discours de Jésus après la Cène.

1. Trad. Patricia Mari.

Ce plaisir convivial n'est pas forcément lié à l'abondance de la nourriture, voire à la conversation. Certains moines, en Égypte, au IVe siècle, trouvent dans le repas pris en commun, en silence, une fois par semaine, le dimanche, un instant de bonheur dû au fait d'être inclus.

Les structures de sociabilité, associations, confréries, corporations, sont renforcées par la convivialité. Quoi de plus convivial que de partager nourriture et boisson ? Mais le plaisir de la table varie selon les catégories sociales.

Hiérarchie sociale

Rares sont les banquets réunissant une société d'égaux. Tout au plus des agapes peuvent-elles faire disparaître quelque temps les différences sociales, mais celles-ci réapparaissent bientôt.

Tables aristocratiques. Lors du Banquet du Faisan, les convives sont disposés en fonction de leur rang social.

A la table d'honneur, de taille moyenne, se tiennent à droite de Philippe le Bon, duc de Bourgogne, organisateur du festin et par ordre décroissant de proximité : Isabelle de Bourbon, sa nièce et la promise de son fils, le comte de Charolais ; le duc Jean de Clèves, son petit-neveu ; Béatrice de Portugal, sa nièce par alliance ; Isabelle de Portugal, son épouse ; Marie de Bourgogne, sa bâtarde. A gauche : Isabelle de Bourgogne, sa petite cousine et l'épouse de Jean de Clèves ; le comte de Saint-Pol ; Marie de la Vieville, épouse du bâtard Antoine de Bourgogne ; Jacques, seigneur de Pons ; l'épouse du chancelier Nicolas Rolin.

A la deuxième table, de grande taille, se trouvent de nombreux chevaliers, dames et demoiselles, parmi lesquels Olivier de la Marche distingue : le comte de Charolais, fils du duc ; Jean de Bourgogne, son cousin ; Adolphe de Clèves, frère cadet du duc de Clèves ; Jean de Coïmbre, jeune neveu de la duchesse ; le seigneur de Fiesnes, frère du comte de Saint-Pol ; Antoine, bâtard de Bourgogne ; le comte de Boucam, époux de la bâtarde Anne ; le comte Jacques de Hornes.

La troisième table, la plus petite, est occupée par des dames et des demoiselles dont Olivier de la Marche ne donne pas les noms.

Lorsque le repas comporte plusieurs tables, le rang social se manifeste, on le voit, par la présence à la table de la personne qui invite ou de l'hôte d'honneur ; il arrive toutefois assez fréquemment que le prince mange seul. De même intervient la distance entre la table que l'on occupe et celle du maître de maison. Parfois même les tables sont installées dans des pièces différentes. Ainsi, lors de la fête d'intronisation de l'archevêque d'York, en 1466, où seize tables ont été dressées dans quatre pièces.

Le nombre des mets contenus dans les menus paraît moins considérable lorsque l'on sait que tous les convives ne peuvent se servir de tous les plats, car chaque service en comporte plusieurs. La disposition des plats n'est pas à négliger, dans la mesure notamment où un même service peut comporter à la fois des mets nobles pour le prince et ses proches voisins, et des mets plus grossiers pour les personnes en bout de table. Il est possible également de faire figurer à la fois avec les plats de viande des plats de poisson, par exemple lorsque l'on invite des ecclésiastiques.

Les miniatures permettent d'opérer une distinction entre tables seigneuriales, bourgeoises et paysannes.

Chez les bourgeois, les ustensiles de table sont généralement en étain et non pas en métal précieux. Mais le mobilier semble offrir plus de confort. Le plaisir provient ici non pas du spectacle, mais de la rencontre avec des parents ou des amis.

Les miniatures qui illustrent des milieux modestes paysans et artisans donnent l'impression que le repas n'est pas un lieu fait pour converser ou prendre du plaisir. La nourriture, rapidement absorbée, est destinée à refaire ses forces afin de pouvoir reprendre au plus vite le labeur. Les repas plantureux des paysans lors des fêtes familiales permettent toutefois de nuancer cette assertion, l'apport des textes complétant alors celui des miniatures.

Le plaisir pris à festoyer peut entraîner des débordements. Les banquets auxquels participent Charles VI et les seigneurs de la Cour vers les années 1400 dégénèrent fréquemment et entraînent un échauffement de tous les sens qui aboutit à la luxure. Ainsi, en mai 1389, lors de la grande fête organisée à Saint-Denis, les convives ont tellement bu que le souper du dernier jour sombre dans la fornication et l'adultère. La jeunesse du roi, de son frère, le futur duc d'Orléans, de la reine et de leurs compagnons de plaisir, peut expliquer leur manque de maîtrise.

Gerson, Jean Courtecuisse, Jacques Legrand stigmatisent dans leurs sermons la recherche excessive de la Cour pour les plaisirs charnels, qu'ils appellent *gula*. Celle-ci comporte deux éléments : l'absorption de mets et de vins et les manifestations qu'elle entraîne. Le premier rôle est accordé à la bouche qui apprécie les goûts et donne du plaisir, qui fait parler pour médire, blasphémer, pousser à la luxure. La bouche provoque ainsi les autres ouvertures du corps, le sexe n'étant que l'une d'entre elles.

Quels sont les plaisirs déshonnêtes procurés par le banquet ? Chacun veut être mieux vêtu que les autres invités. Aussi les habits sont-ils non seulement somptueux, mais à la mode. Or, à la fin du XIVe siècle, le vêtement court des hommes moule de façon indécente la forme du sexe, alors que les profonds décolletés des femmes laissent voir leur poitrine. Les parfums se conjuguent, ceux des invités, ceux que les serviteurs ont placés dans la salle du repas ; s'y ajoutent les odeurs des fleurs qui jonchent le sol en été.

Comme les nobles ont l'habitude de s'embrasser « bec à bec », hommes et femmes de la bonne société doivent pratiquer ce salut en se rencontrant. Une grande liberté règne à la table royale, car Charles VI choisit ses voisins selon son humeur et au gré de son plaisir. Utiliser le même tranchoir, boire dans le même gobelet, se servir de la même écuelle que son voisin ou sa voisine peut provoquer de la répulsion où, à l'inverse, susciter des attouchements.

Mets et viandes sont servis en grande abondance. Les cuisiniers doivent faire preuve d'ingéniosité pour susciter l'appétit. Ils réussissent assez bien puisque certains invités vont se faire vomir afin de pouvoir continuer à manger.

Et à parler. En effet, nombre de convives essaient d'obtenir des avantages personnels et comptent sur les relations pour avancer dans la faveur du roi. Aussi ne sont-ils pas avares de compliments qui ne peuvent que réjouir leurs interlocuteurs.

La fin du repas voit se produire les plus condamnables excès. Sous l'effet d'une nourriture abondante et épicée, de la boisson, des odeurs capiteuses, des attouchements, les dames de la Cour, peu farouches, écoutent avec plaisir les propos grivois des convives masculins.

Les tables enlevées, les danses commencent, entraînant, selon Gerson, des attouchements qui enflamment. Eustache Deschamps dépeint une scène amoureuse qui se déroule au château de Boissy : des participants, ivres, se rendent aux étuves, et, entièrement nus, vont de chambre en chambre honorer les dames.

Les grands seigneurs, se souciant de moins en moins du gouvernement à la fin du XIVe siècle, cherchent à occuper leur temps autrement. La mélancolie qui découle du sentiment de leur inutilité les pousse vers les plaisirs. Ils s'imaginent qu'ils ont droit à plus de distractions que les rustres, puisque c'est Dieu qui a créé les catégories sociales.

Satisfaction de tous les sens

Plaisir de manger, de regarder les « entremets » qui agrémentent les repas, mais aussi les mets qui peuvent procurer du consentement par leur aspect, à l'instar de la cuisine dite « nouvelle ».

Les couleurs entraînent les associations. Obtenir le blanc exige une base de riz, complétée par de la chair de volaille, avec un assaisonnement au gingembre et au sucre. Les sauces destinées à modifier le goût des plats peuvent jouer un rôle essentiel en ce domaine : les convives choisissent en fonction du goût présumé ou de la couleur évidente : noire (sauce sarrasine), blanche, brun clair (sauce cameline), bleue, jaune, rouge, verte. Ces couleurs sont obtenues à partir de produits naturels, telles les feuilles vertes d'épinard ou d'épices comme le safran jaune, mais aussi de colorants artificiels, notamment pour obtenir les tons qui vont du rose au rouge : le vieux rose est produit par le suc rougeâtre que secrète le bois de santal.

Et quel plaisir de voir un coulis suggérer les diverses parties d'un mets tout en masquant les aspérités ! Lui-même devient objet de décor, saupoudré de sucre, de graines de coriandre vermeil, voire de perles précieuses lors des banquets offerts par de fastueux seigneurs.

Les convives apprécient les formes que créent les cuisiniers dans des matières malléables : pâtés renfermant des objets divers, raviolis épousant les contours d'animaux ou de lettres de l'alphabet. Et, encore plus, ces bouillons transformés en gelées transparentes et tremblotantes, immobilisant viandes ou poissons et coloriées de façon variée grâce au savoir-faire des maîtres queux.

Dans bien des textes médiévaux, l'eau de la toilette s'accompagne de bonne chère. Le plaisir du toucher – avec le contact agréable de l'eau – n'est donc pas absent. Ainsi, dans le fabliau intitulé *Les Trois Chanoinesses de Cologne*, le bain est-il associé à un festin. L'auteur est invité par une des chanoinesses à venir dans sa maison où elle prendra un bain en compagnie de deux amies.

Deux dames sont venues
chacune en son bain toute nue,
et la troisième, sans nul dédain,
se déshabille et entre dans son bain.
Pour moi, je n'y fis jamais difficulté

. . . .

Je les vis vermeilles et belles
et pleines de grande chaleur
que leur faisaient avoir couleur
les bains chauds et les bons vins frais.

Dans la première des *Cent Nouvelles nouvelles*, le receveur du Hainaut essaie de séduire une belle voisine. Pour y parvenir, il commence par n'inviter que le mari afin de s'en faire un ami. Notre homme est adroit. Encore convient-il d'arranger de discrètes rencontres. Lorsqu'un voyage du mari permet à l'amoureux de recevoir la jeune femme, il fait aussitôt chauffer les étuves, préparer les pâtés, les tartes, le vin aux épices. Les réjouissances se prolongent. « Une fois dans la chambre, ils entrèrent immédiatement dans le bain pendant que, devant eux, se dressait en hâte le couvert pour le bon souper qui fut rapidement servi. »

Le poète Charles d'Orléans, vers la même époque (milieu du xve siècle), chante les plaisirs associés du bain et de la bonne chère :

Souper au bain et dîner en bateau,
en ce monde il n'y a meilleure compagnie ;
l'un parle ou dort, l'autre chante ou crie,
les autres font ballade ou rondeau.

Et l'on y boit du vin vieux et du nouveau
Cela s'appelle le plaisir de la pie.
Souper au bain et dîner en bateau,
en ce monde il n'y a meilleure compagnie.

7

Les distractions [1]

L'aspect festif de la table amène naturellement à s'interroger sur le plaisir engendré par les distractions auxquelles s'adonnent les hommes du Moyen Âge. Proches de la nature, ils mènent une vie riche en activités physiques. Participer, avant tout sur le plan corporel, mais aussi assister, en particulier lors des fêtes qui rompent la monotonie de la vie quotidienne.

Activités physiques

Promenades

La vie de la population, essentiellement rurale, se déroule selon le rythme des saisons. Après les froids de l'hiver contre lesquels on ne peut se battre efficacement, l'arrivée du printemps est saluée avec allégresse. Lorsque la belle saison revient, seigneurs, bourgeois et vilains aiment se promener. Le peuple de Paris se rend sur le pré Saint-Germain, près de l'abbaye. Il aime fréquenter les

1. Le lecteur s'étonnera peut-être de la brièveté de ce chapitre. Mais nous n'avons pas voulu réécrire notre ouvrage *Les Loisirs au Moyen Âge*. Notre propos ici est de cerner le plaisir issu des distractions. Pour les jeux, nous renvoyons à l'étude de Jean-Michel Mehl, *Les Jeux au royaume de France du XIIIe au début du XVIe siècle.*

endroits voisins des portes de la ville où se sont installées de nombreuses tavernes.

L'écuyer du capitaine Pedro Niño qui décrit la vie au château de Sérifontaine, propriété de l'amiral Renaud de Trie, montre quelle place peut tenir la nature dans la vie seigneuriale : « Le matin, après son lever, la dame allait avec ses demoiselles à son bosquet, lequel était près de là, chacune avec son livre d'heures et son rosaire. Elles s'asseyaient à l'écart l'une de l'autre et ne parlaient pas tant qu'elles n'eussent pas achevé de prier. Ensuite, elles cueillaient fleurettes et violettes ; elles s'en revenaient au palais et allaient à la chapelle où elles entendaient une messe basse... [Après un léger repas] Madame chevauchait avec ses demoiselles sur des haquenées les mieux harnachées et les meilleures qui puissent être, et avec elles chevauchaient les chevaliers et gentilshommes qui pouvaient se trouver là ; et ils allaient se promener quelque temps par la campagne, faisant des chapeaux de verdure... »

Le contact avec la nature peut se faire de façon plus élaborée. Les Barbares eux-mêmes ne sont pas insensibles aux plaisirs du jardinage, ainsi qu'en témoigne le poète Venance Fortunat qui fut évêque de Poitiers : « Ici le printemps au teint pourpré fait croître les gazons verts, et l'air est embaumé de l'odeur des roses du paradis. Là, de jeunes pampres offrent une ombre protectrice contre les chaleurs de l'été et servent d'abris aux ceps chargés de raisins. Tout cet enclos est émaillé de mille fleurs diverses ; il y a des fruits de couleur blanche, d'autres de couleur rouge. L'été y est plus doux qu'ailleurs, et la brise aux murmures discrets ne cesse d'agiter les pommes suspendues à leur tige. Childebert les a greffées avec amour. »

Il s'agit du fameux *locus amoenus* (lieu de plaisance) dont le discours médiéval a emprunté nombre d'éléments à l'Antiquité afin de les codifier. Isidore de Séville, dans ses *Etymologies*, reprend l'expression pour désigner les endroits charmants ne servant qu'aux plaisirs et n'ayant pas de fonction utilitaire. De Virgile au XVIe siècle, ce *locus amoenus* comporte obligatoirement un certain nombre d'éléments que décrit, sans ordre, Mathieu de Vendôme : « Les fleurs odorent, l'herbe verdoie, l'arbre bourgeonne, les fruits abondent, les oiseaux gazouillent, le ruisseau murmure, la brise est tiède. »

Le verger dépeint par Guillaume de Lorris dans la première partie du *Roman de la Rose* constitue l'endroit idéal pour passer le temps. « Je marchais à travers le verger librement, pour mon plaisir, tandis que le dieu d'amour se mettait en peine de me suivre partout ; mais je ne m'arrêtai nulle part avant d'avoir tout visité. Le verger était tracé en forme de carré parfait selon un plan strict, et sa largeur était égale à sa longueur. Il ne se trouve pas d'arbres portant des fruits, à moins que ce ne soit quelque espèce d'arbre hideux dont il n'y eut un ou deux exemplaires, ou plus, éventuellement, dans le verger. » Et l'auteur d'énumérer arbres fruitiers (pommiers, noyers, amandiers...) et d'agrément (lauriers, pins, charmes...) « ... les arbres étaient éloignés les uns des autres comme il convenait : l'intervalle entre deux arbres dépassait les cinq ou six toises, mais les branches étaient de belle allure et hautes, et si épaisses par-dessus, pour préserver l'endroit de la chaleur, que le soleil, fût-ce en une heure, ne pouvait descendre jusqu'au sol et faire du mal à l'herbe tendre.

« Dans le verger vivaient des daims et des chevreuils et il y avait une grande foule d'écureuils qui grimpaient dans les arbres. Ils y trouvaient des lapins qui toute la journée durant sortaient de leurs terriers et de plus de trente façons différentes passaient leur temps à se faire la cour sur l'herbe fraîche et verdoyante.

« Par endroits il y avait des sources d'eau claire sans bestioles ni grenouilles que les arbres ombrageaient ; je suis incapable d'en dire le nombre. Par de petits ruisseaux et des conduits qu'avait fait aménager Déduit, l'eau s'écoulait avec un murmure doux et agréable. Autour des ruisseaux et au bord des sources claires et vives, pointait l'herbe menue et drue ; aussi aurait-on pu y coucher sa maîtresse comme sur une couette car la terre était douce et moite. A cause des sources, il y poussait autant d'herbe qu'il fallait, et la chose rendait encore plus beau cet endroit qui avait la particularité de contenir une profusion de fleurs : toujours, été comme hiver, il y avait des violettes très belles, des pervenches fraîches et nouvelles ; il y avait aussi des fleurs d'une extraordinaire blancheur, des jaunes et des vermeilles. Ce coin de terre était vraiment plein de grâce. Il était enjolivé et peint de fleurs de toutes sortes de couleurs, dont la senteur était exquise. Je ne vous raconterai pas plus longuement les charmes et les délices du lieu : il me faudra désormais les passer sous silence, car ne je serais pas en mesure de vous décrire toute la beauté et l'extrême agrément de ce verger. »

La végétation du jardin du *Roman de la Rose* comporte à la fois des arbres de nos régions et des plantes exotiques destinées à produire une impression de dépaysement. Le poète veut donner l'image d'une nature luxuriante qui ne laisse pas pénétrer les rayons du soleil. Au Moyen Âge, en effet, les aristocrates recherchent l'ombre, et seuls les travailleurs manuels ont le teint hâlé. A diverses reprises Guillaume de Lorris signale la présence d'innombrables oiseaux chanteurs. L'atmosphère invite à la fête. Nous sommes dans un lieu épicurien où tous les sens sont comblés.

Dans la réalité, ainsi que l'attestent les miniatures, les jardins où aiment se promener belles dames et seigneurs sont bien dessinés, enclos de haies taillées avec soin et comportent des pelouses garnies de fleurs. A Paris, ceux de l'hôtel Saint-Pol, résidence préférée d'Isabeau de Bavière, possèdent un grand nombre de préaux reliés entre eux par des treilles ; des galeries entourent les préaux ; un pavillon, des étuves, un jeu de paume, une volière sont édifiés. Isabeau commande de grands travaux en mai 1416, puis en août de la même année, fait réparer les treilles et curer le puits. Ces jardins doivent être magnifiques, car, en 1398, Charles VI fait planter notamment « trois cents gerbes de rosiers blancs et rouges... trois cents oignons de lis, trois cents de glaïeuls, cent quinze entes de poiriers, cent poiriers communs, douze pommiers de paradis, un millier de cerisiers, cent cinquante pruniers et huit lauriers verts achetés sur le Pont-au-Change ».

Chasse

Ce plaisir que les hommes du Moyen Âge ressentent en se promenant au grand air, dans la nature encore sauvage – mais les auteurs insistent alors souvent sur les dangers – surtout dans la nature aménagée, ils le goûtent également en se livrant à diverses activités de plein air, et avant tout à la chasse, vénerie ou volerie – ce dernier plaisir étant réservé normalement à la noblesse.

Au XIVe siècle, la chasse à courre est organisée avec beaucoup de précision. La veille de la chasse, avant d'aller se coucher, les veneurs se réunissent et se partagent les quêtes. Une fois le cerf isolé et l'enceinte où il se trouve marquée, les chasseurs partent alors se livrer à leur sport favori.

Le *Livre de chasse du roy Modus* dépeint la scène de façon idyllique : « En la douce saison d'été, les petits oiseaux chantent mélodieusement dans la belle forêt, la rosée jette ses douces larmes qui reluisent sur les feuilles à la clarté du soleil et toute la nature se réjouit ; on choisit alors pour l'assemblée un beau lieu, agréable et écarté où se réunissent les veneurs venant de leur quête, le maître de la chasse et tous ceux qui veulent la suivre... [Après le rapport des veneurs] le seigneur ordonne quels chasseurs iront laisser courre, quels chiens ils laisseront courre, quels chiens iront au relais et où le relais ira. Puis ils s'assoient sur l'herbe verte pour boire et manger, et qui sait bon mot il doit le dire. Et quand on apprend de bonnes nouvelles du bois et que le temps est beau et clair et qu'on restaure ses forces, il est naturel que le cœur soit gai. Quand ils ont mangé, ils montent à cheval pour aller laisser courre... »

Le comte de Foix, Gaston Phébus, expose de semblables arguments. Le bon veneur ne peut commettre aucun péché mortel. En effet, l'oisiveté excite par imagination le goût du plaisir de la chair. Or, le bon veneur ne peut rester inactif. S'il chasse, il ne pense qu'à dormir, afin d'être frais et dispos pour remplir son office. Dès l'aube, il est occupé. A la fin de la journée, rentré chez lui, il va se coucher.

Le veneur est heureux de vivre, car il jouit de la nature et trouve grand plaisir à chasser et à se reposer ensuite. Il vit plus longtemps, car l'excès de nourriture est très dommageable ; or, il mange et boit fort modérément. Dans son *Livre de la chasse*, Gaston Phébus emploie à maintes reprises le terme « plaisir » pour caractériser son existence :

« Maintenant je te prouverai que les veneurs vivent en ce monde plus joyeusement que tout autre gent : car, quand le veneur se lève au matin, il voit la très douce et très belle matinée et le temps clair et serein et il entend le chant des oiseaux qui chantent doucement, mélodieusement et amoureusement chacun en son langage, du mieux qu'ils peuvent, selon ce que la nature leur apprend. Et quand le soleil sera levé, il verra cette douce rosée sur les branches et sur les herbes et le soleil, par sa vertu, les fera reluire : c'est grand plaisir et joie au cœur du veneur. Après, quand il viendra à l'assemblée et fera devant le seigneur et ses autres compagnons son rapport sur ce qu'il aura vu ou d'après le pied ou d'après les fumées qu'il aura recueillies dans son cor ou dans son giron, chacun dira : " Voici un grand cerf, et si la meute est bonne, allons le laisser courre. " J'expliquerai plus loin ce que cela signifie, dont a le veneur grande joie. Après quand il commence sa poursuite, sans avoir longtemps poursuivi, il entendra ou verra lancer devant lui et saura bien que c'est son droit ; et les chiens viendront au lit et seront alors découplés tous, sans que nul ne s'en aille accouplé et toute la meute le courra bien : alors le veneur a grande joie et grand plaisir. Après il monte à cheval en toute hâte pour accompagner ses chiens. Et si, par aventure, les chiens se sont écartés un peu de l'endroit où il aura laissé courre, il accélérera l'allure pour aller au-devant de ses chiens. Alors il verra le cerf passer devant lui et il le saluera de ses cris ; et il verra quels chiens viennent dans le premier groupe, puis dans le second, puis dans le troisième ou le quatrième, s'il y a lieu ; puis quand les chiens seront passés, il se mettra à chevaucher derrière les chiens et criera et cornera de tous ses poumons, autant qu'il pourra. Alors il a grande joie et grand plaisir, et je vous promets qu'il ne pense à nul autre péché ni à mal. Après, quand le cerf sera déconfit et aux abois, il éprouvera grand plaisir. Après, quand il est pris, il l'écorche et le détaille et fait la curée ; il y éprouve aussi grand plaisir. Et quand il s'en revient à l'hôtel, il s'en revient joyeusement, car son seigneur lui a donné de son bon vin à boire à la curée. Et quand il sera à l'hôtel, il se dépouillera et déchaussera et il lavera ses cuisses et ses jambes et, à l'occasion, tout son corps. Et entre-temps, il fera bien préparer un souper de lard, de cerf et d'autres bonnes nourritures et de bon vin. Et quand il aura bien mangé et bien bu, il en sera tout joyeux et tout aise. Après, il ira goûter l'air et le serein du soir pour la grande chaleur qu'il a eue, puis il s'en ira boire et coucher en son lit dans de beaux draps de toile tout frais, et il dormira bien et sainement la nuit, sans songer à faire péché. Je dis donc que les veneurs s'en vont au Paradis, quand ils meurent, et qu'ils vivent plus joyeusement que nulle autre gent » (transcription en français moderne par R. et A. Bossuat).

Quant à la volerie, selon le *Livre de chasse du roy Modus*, elle procure quatre agréments. Les vols des éperviers constituent un très beau spectacle. Ensuite on est en bonne compagnie ; chaque chasseur a son oiseau et l'on peut comparer les prouesses des uns et des autres. Les femmes pratiquent cette activité – la vénerie semble en principe réservée aux hommes. Selon Gace de la Buigne, auteur du *Roman des Deduis*, dames et demoiselles

> *peuvent du gré de leur seigneur*
> *l'épervier porter par honneur*
> *et en avoir le bon plaisir*
> *que ci-dessus je vous ai dis*
> *sans nulle occasion donner*
> *à Male Bouche de parler.*

Enfin on profite de la nature car la saison, bien que brève, est belle, douce et agréable.

Jeux de plein air

Le jeu de la bille et les boules sont très appréciés des paysans. Dans la boule, il s'agit de faire rouler ses boules le plus près possible d'un piquet fixé dans la terre ou d'une boule appelée cochonnet, en déplaçant les boules des autres joueurs. L'enjeu consiste la plupart du temps en quelques chopines de vin, de cidre ou de cervoise.

Mais la soule est sûrement le jeu le plus populaire. Deux variétés en existent au Moyen Âge. Dans la « soule au pied », il s'agit de pousser du pied la boule ou l'éteuf, c'est le football actuel. Une seconde variété est celle où les joueurs, pour lancer le ballon, utilisent une crosse, bâton muni d'une extrémité recourbée.

La partie de soule se déroule tantôt de pays à pays, tantôt entre habitants du même village et, dans ce dernier cas, généralement entre célibataires et gens mariés.

Dans une ordonnance du 3 avril 1369, Charles V qui interdit presque tous les jeux d'exercice et de hasard, recommande par contre de s'exercer au tir à l'arc et à l'arbalète. Il ordonne de choisir des emplacements convenables, d'accorder des prix aux meilleurs tireurs, de conférer aux concours tout l'agrément possible. Ces ordres royaux, dans certaines provinces, ne font que consacrer d'anciennes habitudes. De sorte que les prescriptions royales sont très bien observées par la jeunesse. Ainsi, en 1425, à la fête de Saint-Martin, Colin Pierin, barbier demeurant à Rouen, va en compagnie de sa femme dîner chez son beau-père qui réside près des murs de la ville. Entre ces murs et la maison, des champs et des terres labourables comportent des buttes destinées au tir à l'arc. Ce jour-là y sont rassemblés des jeunes gens qui s'amusent. Après le repas, Colin emprunte un arc et une flèche au frère de son épouse et va les rejoindre.

Les bourgeois préfèrent le jeu de paume qui tire son nom du creux de la main utilisé à l'origine pour lancer la balle. Cette manière de jouer est la seule usitée jusqu'au milieu du XVe siècle. Vers la fin du XVe ou au début du XVIe siècle, la paume de la main est remplacée par une raquette pour lancer la balle. La ville de Paris compte alors un certain nombre de jeux de paume, généralement établis dans des plâtrières.

Les seigneurs se plaisent à jouer à la quintaine. Il s'agit d'une sorte de buste, posé sur un poteau et tournant sur un pivot, de sorte que le cavalier qui ne l'a pas frappé avec sa lance au milieu de la poitrine le fait tourner. Comme la main droite tient un bâton ou une épée et la main gauche un bouclier, le mannequin frappe le mauvais jouteur. Le jeu devient un entraînement pour la guerre.

Joutes et tournois

A l'époque carolingienne, les soldats, selon Nithard, pratiquent des jeux qui les exercent à leur métier, tels ceux organisés à Worms par Charles et Louis en 842. Les participants se rassemblent en un lieu convenable, se rangent de chaque côté et se précipitent en nombre égal les uns contre les autres comme pour se battre. Puis un certain nombre font volte-face comme s'ils fuyaient devant leurs camarades qui les poursuivent ; ensuite à leur tour ils pourchassent ceux devant lesquels ils se sont enfuis ; enfin les deux rois chargent parmi les fuyards. Ces jeux se déroulent sans blessures, ni injures.

A l'époque féodale, ces joutes se transforment en une sorte de bataille fictive, dotée de règles et destinée à des participants montés et munis d'armes chevaleresques.

Le tournoi s'apparente à un sport d'équipe qui, au XIIe siècle, oppose deux troupes d'hommes, les uns à cheval, d'autres à pied. Le plaisir de se battre tout en jouant – mais les accidents mortels ne sont pas rares et l'Église condamne de telles rencontres – s'accompagne pour certains d'avantages matériels.

Les tournois constituent des événements festifs. En dehors du carême, ils ont lieu tous les quinze jours, de février à novembre, dans une même province. Ils se déroulent en rase campagne. L'organisateur doit en indiquer les jours et le lieu dans tout le pays aux alentours, envoyer des messagers dans les régions voisines, prévoir hébergement et distractions. Chaque tournoi qui dure normalement trois jours et voit s'affronter les seuls nobles attire des foules considérables.

Au XVe siècle, à la cour de Bourgogne, sous Philippe le Bon et Charles le Téméraire, on s'intéresse davantage aux joutes et aux pas d'armes qu'aux tournois massifs. Les combats à pied avec la hache et l'épée sont fort appréciés. Le Pas de l'Arbre Charlemagne, le Pas de la Belle Pèlerine, le Pas de la Fontaine aux Pleurs, le Pas de la Dame Sauvage attirent des jouteurs de toutes les régions.

La guerre, malgré ses conséquences tragiques, peut emplir de joie le noble féodal. Le troubadour Bertrand de Born, mort en 1210, la célèbre en ces termes : « J'ai grande allégresse quand je vois par la campagne rangés chevaliers et chevaux armés ; et me plaît quand les coureurs font fuir les gens avec le bétail ; et me plaît quand je vois à leur suite une grande masse de gendarmes venir ensemble ; et me plaît en mon cœur quand je vois châteaux forts assiégés et les palissades rompues et effondrées et l'armée sur le rivage, toute entourée de fossés avec une ligne de gros pieux tressés. » Texte littéraire, mais qui correspond à une réalité. Lors d'une bataille qui met aux prises deux lignages rivaux, en 1325, dans la principauté de Liège : « On avait mis les piétons derrière les escadrons, car, en ce temps-là, les seigneurs étaient tellement animés et tellement heureux de combattre qu'ils rompaient une troupe de piétons quelque pressée qu'elle fût, et la foulait aux pieds des chevaux. »

JEUX DU DEDANS

Lorsque l'homme du Moyen Âge, par suite du mauvais temps ou pour toute autre raison, regagne sa demeure, il peut s'adonner à des jeux qui requièrent plus de réflexion que de force ou d'adresse. Ainsi en est-il des échecs.

C'est à partir de 1100 que les témoignages relatifs à ce jeu se multiplient, les uns archéologiques, comme les pièces trouvées en Italie méridionale et centrale, les autres littéraires. Les chevaliers du Temple doivent trouver plaisir à le pratiquer, puisque saint Bernard, au XIIe siècle, leur enjoint de détester « les échecs et les dés ».

Les joueurs médiévaux s'emploient à n'utiliser qu'un nombre restreint de pièces. Autrement dit, on commence par se prendre des pièces pour faire en quelque sorte place nette. Durant le début de la partie, aucune stratégie n'apparaît. Lorsque le terrain est déblayé, alors seulement les joueurs recherchent la mise en échec et le mat.

Deux types de mat sont mentionnés, en ligne droite et en l'angle. La fréquence du second manifeste qu'il est préférable de gagner de cette manière : forcer le roi adverse à se réfugier dans un des angles de l'échiquier constitue une belle victoire.

Si les nobles pratiquent, plus ou moins, tous les jeux, il n'en va pas de même pour les autres classes sociales. Les échecs notamment sont l'apanage en quelque sorte des membres de l'aristocratie. Toutefois, en raison du prix d'un bel échiquier et de la place de ce jeu dans la littérature, il n'est pas sûr qu'il y ait eu omniprésence de ce divertissement chez les nobles. Néanmoins il est fort répandu. Dans *Le Roman du comte d'Anjou*, un soir après dîner, tandis que les chevaliers parlent d'armes, les jeunes damoiseaux d'amour et de chasse, que dames et demoiselles devisent entre elles, le comte appelle sa fille pour qu'elle fasse une partie d'échecs. Dans l'*Escoufle*, le comte Richard de Montivilliers en Normandie est décrit comme un bon chevalier, habile aux échecs et aux tables. Les témoignages littéraires innombrables rejoignent la réalité. Selon Froissart, le châtelain d'Évreux « aimait les échecs plus qu'autre chose ». Le duc Louis d'Orléans, frère de Charles VI, qui pratique tous les jeux de son temps, achète, en 1394, plusieurs livres dont l'un est intitulé *Le Jeu des eschets*. Son épouse, Valentine Visconti, partage la même inclination pour les échecs. Leur fils, le poète Charles d'Orléans, joue en compagnie de ses familiers dans ses châteaux, en été dans ses résidences de plaisance, voire lors de ses voyages, lorsqu'il descend en bateau la Loire d'Orléans à Blois. Ses goûts sont partagés par son épouse Marie de Clèves. Dans sa librairie, un manuscrit comporte au début une miniature qui représente à l'étage supérieur une bataille et en bas un seigneur en train de jouer avec une dame ; les échecs symbolisent, en effet, à la fois la guerre et l'amour.

Le rôle intellectuel, la formation du raisonnement, l'analyse des situations sont mis en relation avec le jeu d'échecs, élément important de l'éducation aristocratique, ainsi qu'en témoignent ces vers de *Sone de Nansai* :

D'échecs, de tables, d'armes,
de magie, de géométrie,
il voulait savoir toutes les règles.

Un passage de Froissart montre comment « jouer noblement ». Le roi d'Angleterre Edouard III dispute une partie d'échecs avec la comtesse de Salisbury. Celle-ci se comporte « du mieux qu'elle peut, afin que le roi ne la tienne pas pour trop simple et ignorante ». Au contraire, le roi « ne joue pas du mieux qu'il sait ». Il fait exprès de perdre un roch (tour), puis un chevalier (cavalier), ce qui entraîne la perte d'un aufin (fou). Les enjeux manifestent que la partie est destinée avant tout à procurer du plaisir à la dame. Alors que le roi joue « le très bel anneau qu'il porte à son doigt et qui est muni d'un gros rubis », la comtesse n'engage qu'un petit anneau d'or sans grande valeur. Les comptabilités princières montrent que les grands perdent des sommes bien moins importantes aux échecs qu'aux dés, aux cartes ou à la paume. Alors que, le 13 mai 1396, Louis d'Orléans dépense 3 000 livres parisis pour la paume, son fils Charles, grand amateur d'échecs, risque, en 1457, 27 sous tournois et 6 deniers. Les qualités de joueur du prince, l'absence de mentions de sommes concernant ce jeu laissent supposer qu'il n'y avait pas d'enjeux. Le plaisir l'emporte sur la cupidité. Une certaine dissociation tend à s'opérer entre jeux de réflexion et jeux de hasard.

Le jeu condamné, toléré, est aussi reconnu. Certains commencent à admettre qu'il apporte des satisfactions diverses, physiques ou matérielles, mais aussi psychologiques ou esthétiques. La recherche du plaisir peut se traduire par une certaine manière de jouer. Érasme, recommande : « Si tu joues avec de moins habiles que toi et que tu puisses toujours être le plus fort, laisse-toi gagner quelques fois pour rendre la partie plus amusante. » D'autre part, le jeu qui récrée le corps et détend l'esprit facilite l'exercice intellectuel ultérieur.

D'autres passe-temps font appel à la vivacité d'esprit, telles les énigmes amoureuses.

« Beau sire, je vous demande quelles sont les trois choses qui permettent de mieux garder l'amour ?

– Dame, c'est loyauté, raison et discrétion. »

Le jeu du *Roi qui ne ment* consiste à élire un roi ou une reine qui interroge chacun des joueurs et qui, à son tour, est interrogé par eux. Les habitués des « salons » du XIIIe siècle prisent fort ce divertissement.

Le jeu du *Château d'Amour* comporte des questions et des réponses qui ont trait aux personnages du *Roman de la Rose*.

Du château d'amour je vous demande :
dites le premier fondement !
– Aimer loyalement.
Nommez-moi le principal mur
qui le rend joli, fort et sûr !
– Cacher sagement.
Dites-moi quels sont les créneaux,
les fenêtres et les carreaux !
– Regard attrayant.
Amis, nommez-moi le portier.
– Refus médisant.
Quelle est la clef qui le peut ouvrir ?
– Prier courtoisement.

Les fêtes

En ville

La ville, la campagne n'offrent pas les mêmes divertissements. Certes le plaisir dépend en particulier de la personne, de son état corporel, de sensations qui n'ont rien à voir avec l'endroit où elle se trouve. Il n'empêche que certaines distractions apparaissent spécifiquement urbaines.

Eustache Deschamps, à la fin du XIVe siècle, écrit :

Elles [les femmes] désirent les cités,
les doux mots à eux récités,
festes, marché et le théâtre
lieux de délices pour eux ébattre.

Plaisir d'assister au spectacle de la rue lorsque l'on flâne, que l'on se rend à ses occupations. La rue, en effet, depuis le lever du soleil jusqu'au couvre-feu est remplie de mouvement et de bruit.

Les jongleurs distraient les habitants sur les places des villes. Ils apparaissent surtout lors des fêtes. A Provins, le soir du marché, se déroule une sorte de retraite aux flambeaux au cours de laquelle les sergents parcourent la cité munis de torches en compagnie de jongleurs qui jouent de divers instruments de musique. La foule aime s'assembler pour regarder les acrobates, entendre les conteurs et les chanteurs ; elle apprécie les jongleresses qui dansent et charment des serpents. Les Parisiens goûtent les moqueries visant les Bretons établis dans leur ville, dont on se gausse parce qu'ils parlent mal le français, mentionnent habituellement des parentés sans nombre, exercent la profession peu noble de fabricants de balais.

De temps à autre, des fêtes publiques se déroulent lorsque surviennent de grands événements : victoires militaires, naissances ou mariages princiers. Ainsi, le mardi 6 février 1392, à l'heure même où Charles, fils du roi de France, vient au monde, on rend de solennelles actions de grâces dans toutes les églises de Paris où les cloches sont mises en branle, rapporte le religieux de Saint-Denis qui poursuit : « Tous les habitants des deux sexes, nobles et menu peuple, parcoururent les rues à la lueur des torches et au son d'harmonieux instruments, auxquels s'entremêlaient des voix mélodieuses et des chants d'une admirable pureté. Pendant toute la nuit, il y eut des danses de jeunes filles, et des baladins représentèrent de curieuses pantomimes. Dans les carrefours, le peuple faisait entendre des acclamations en l'honneur du roi. On avait placé dans les rues des tables chargées de vins et d'épices, dont les dames et les demoiselles du plus haut rang faisaient gracieusement les honneurs à tous les passants. »

Les entrées princières qui permettent aux uns de faire étalage de luxe, aux autres d'admirer le spectacle, sont fort appréciées.

Quand, à la fin du XIIIe siècle, le roi arrive dans une de ses bonnes villes, il désire avant tout le gîte et le couvert. Au milieu du XIVe siècle, l'entrée royale s'accompagne de réjouissances – une semaine, en 1350, lorsque Jean le Bon entre à Paris pour la première fois.

Les membres du cortège revêtent une livrée exécutée pour la circonstance. Le roi est reçu à son de trompe ou d'autres instruments. La cérémonie devient une fête bruyante et colorée. En outre, l'entrée donne lieu à des spectacles, particulièrement à des représentations théâtrales – en même temps la monarchie est glorifiée.

En effet, le public apprécie vivement le théâtre, qui d'abord l'édifie (drame liturgique, semi-liturgique), mais bientôt le divertit également. Le théâtre comique français né tardivement au XIIIe siècle se manifeste d'abord à Tournai et Arras. Au XVe siècle, malgré les désastres du temps, les représentations profanes ou comiques se multiplient. Différents genres sont alors en honneur : la comédie scolaire latine, la Moralité, la Farce, divertissante, souvent grossière, quelquefois satirique, qui s'attaque aux personnes, aux métiers. Le chef-d'œuvre est la *Farce de Pathelin* qui semble dater de l'hiver 1464. Pathelin est un avocat sans cause qui, contrefaisant le malade, s'arrange pour ne pas payer à un drapier ce qu'il lui doit; mais un berger à qui il a montré comment duper le tribunal le berne à son tour.

Les spectateurs sont nombreux et viennent parfois d'assez loin. Nous savons, d'après la recette, qu'à Romans, en 1509, en trois jours il y a eu treize mille neuf cent quarante-sept entrées. Des personnes de toutes les classes sociales s'intéressent au théâtre. A Mons, en 1511, les échevins, le bailli et son épouse sont invités à la représentation. La femme du bailli assiste aux huit journées. Les ecclésiastiques aiment également voir représenter des mystères; toutefois, ceux-ci devenant un peu trop profanes, les prêtres doivent demander à leurs supérieurs la permission d'y assister. Mais ceux qui prennent sans doute le plus de plaisir à de tels spectacles sont les gens du peuple. A Metz, en 1485, dès 4 heures du matin, ils vont chercher leur place. Les femmes viennent nombreuses avec de petits enfants qui causent de la perturbation.

Les spectateurs, pour voir aussi bien que possible, se bousculent, de sorte que des barrières ou un fossé plein d'eau doivent séparer la scène de la salle. Le conseil de la ville de Mons, en 1501, pour éviter les accidents, interdit l'entrée du Parcq où est jouée une pièce, aux enfants de moins de dix ans, aux vieillards impotents et aux femmes enceintes. Le soir, après le spectacle, la joie se déchaîne. Des musiciens distraient le peuple, de sorte que souvent les nuits se passent en divertissements de toutes sortes.

Les hommes du Moyen Âge prennent plaisir à des spectacles moins agréables. Le dernier dimanche du mois d'août 1425, en l'hôtel des Armagnacs situé rue Saint-Honoré, trois aveugles, tenant chacun un bâton dans la main, sont placés dans un parc en compagnie d'un porc qu'ils doivent essayer de tuer. Bien évidemment, ils se donnent de nombreux coups de bâton en croyant frapper la bête, et s'ils avaient été véritablement armés, ils se seraient tués. La veille, ils avaient défilé dans Paris, précédés d'une grande bannière représentant un porc, et devant eux un homme jouait du bedon.

Bien plus, on apprécie les exécutions capitales. Les

citoyens de Mons achètent fort cher un brigand pour le plaisir de le voir écarteler : « Ce dont le peuple fut plus joyeux que si un nouveau corps saint était ressuscité », écrit le chroniqueur bourguignon Jean Molinet. Et le même auteur de signaler que, lors de la captivité de Maximilien d'Autriche à Bruges en 1488, le banc de torture est placé sur une estrade au centre du marché. Les habitants trouvent grand plaisir à contempler les supplices infligés aux magistrats suspects. Les exécutions sont même retardées pour qu'ils puissent se repaître plus longtemps de leurs tortures.

La ville en fête peut exprimer ses propres valeurs, sa vision du monde qu'elle finit par imposer aux paysans. Mais parfois la fête qui se déroule dans la ville trouve son sens dans les mœurs rurales. Villes et campagnes ne peuvent exister séparément. Elles se rejoignent dans la diversification des plaisirs liés aux rythmes temporels.

Religieuses et profanes

Au cours de l'année... Les fêtes correspondent surtout au calendrier religieux. Le cycle des douze jours de Noël à l'Épiphanie se situe à une époque où les travaux des champs sont pratiquement arrêtés, où la journée des artisans est moins longue. La saison est rude et il est agréable d'oublier quelques instants le froid en se distrayant – le banquet du Faisan se déroule en février.

Le cycle carnaval-carême comporte de grandes réjouissances. Lors du carnaval se manifeste un monde à l'envers ; les fous sont incorporés aux défilés. Carnaval est l'occasion d'une explosion de joie critiquée vivement par les prédicateurs. Olivier Maillard, dans son carême de Nantes, s'écrie : « Ces misérables chrétiens hébétés d'esprit et de corps qui pendant trois jours se gorgent de nourriture, se vautrent dans la débauche, l'ivresse et autres bestialités, ne croiraient pas faire régulièrement le jeûne du carême s'ils ne s'étaient empiffrés jusqu'à la minuit du mardi gras. »

Même le cycle de la semaine sainte et de Pâques n'exclut pas les distractions. Pâques en particulier est un moment important de la gastronomie paysanne, d'autant plus que le carême qui vient de s'achever correspond à une période d'austérité.

Le cycle de mai. Le roman de *Flamenca* rapporte qu'à Bourbon, après souper, on danse et on se divertit. Cette nuit-là, on plante les mais. Les gens chantent dans la ville ; dans les vergers ce sont les oiseaux. On boit de l'absinthe. Le lendemain, les jeunes filles enlèvent les mais et fredonnent : « Vive la dame qui ne fait pas languir son ami, qui ne craint ni les jaloux, ni le blâme, et va trouver son cavalier en bois, en pré ou en jardin. »

De la Pentecôte à Noël, maintes fêtes religieuses sont prétexte à divertissements profanes. Ainsi la Saint-Martin d'hiver, le 11 novembre, est souvent célébrée avec un certain éclat. Des poursuites ont lieu, à la fin du xve siècle, contre un prêtre qui, ce jour-là, a dansé en public, avec des chaussures rouges et la tête ceinte d'un chapeau de fleurs.

Au cours de la vie... Tous les événements familiaux importants donnent lieu à de grandes festivités. Dîners de gésine, baptêmes, mariages, voire repas mortuaires.

Le goût du plaisir est-il resté le même tout au long du Moyen Âge ? On peut seulement remarquer que lors des désastres, des épidémies, certains se tournent vers Dieu mais que d'autres, pour oublier, pour profiter d'une vie si éphémère, préfèrent s'étourdir dans les divertissements. Le chroniqueur italien Matteo Villani l'exprime fort bien à propos de la Grande Peste de 1348 et de ses effets sur les mœurs des Florentins.

« On aurait pu croire que les hommes, que Dieu dans sa grâce avait épargnés, ayant vu leurs proches exterminés et étant informés que de semblables choses s'étaient produites dans tous les pays du monde, seraient devenus meilleurs, humbles, vertueux et catholiques, qu'ils se garderaient des iniquités et du péché et seraient pleins d'amour et de charité les uns envers les autres. Mais à présent que la peste a cessé, il s'est produit exactement le contraire, car les hommes restés en petit nombre et enrichis de biens terrestres grâce aux héritages et aux successions, oubliant les événements passés comme s'ils ne s'étaient pas produits, ont mené une vie plus scandaleuse et plus désordonnée qu'auparavant. Ainsi, s'abandonnant à la paresse et à la dissolution, ils péchèrent par gloutonnerie, recherchant les festins, les tavernes et les délices d'une nourriture délicate aussi bien que les jeux, se laissant aller sans frein à la débauche, recherchant des façons étranges et inhabituelles de s'habiller et les manières déshonnêtes, introduisant du nouveau dans la coupe de tous les vêtements. Et le petit peuple, hommes et femmes, en raison de l'excessive abondance des choses, ne voulait plus exercer les métiers habituels ; ils exigeaient la nourriture la plus chère et la plus délicate pour leur table quotidienne, et on laissait les domestiques et les femmes de basse condition se marier en ayant revêtu les beaux et riches vêtements des dames nobles défuntes. Et sans aucune retenue notre ville presque tout entière s'abandonnait à une vie déshonnête, et, de manière semblable ou pire encore, allaient les autres villes et pays du monde. »

8

Beauté et culture

Les plaisirs esthétiques

André le Chapelain, dans son *Traité de l'amour courtois*, fait dire à l'un des interlocuteurs au cours d'une discussion : « Qui peut douter que celui qui a choisi les plaisirs de la partie supérieure doit être préféré à l'autre ? Car tout ce qui touche aux autres plaisirs ne nous différencie en aucune façon des bêtes sauvages et c'est par là que la nature elle-même nous a unis à elle. Mais les plaisirs de la partie supérieure ont été, pour ainsi dire, attribués en propre à l'homme, et la nature les a refusés à tous les autres animaux... On n'a jamais trouvé quelqu'un qui fût rassasié des plaisirs de la partie supérieure ou qui fût lassé de s'y adonner ; mais ceux que nous réserve la partie animale deviennent vite fastidieux à qui s'y consacre et l'on est contraint de regretter d'y avoir cédé. » Et l'on peut lire un peu plus loin : « Il est impossible d'éprouver la volupté sans goûter les joies de l'esprit, à moins de trop s'abandonner à des instincts impudiques et honteux » (trad. Cl. Buridant).

Dans quelle mesure, d'ailleurs, lors du banquet du Faisan, les entremets de musique et de poésie ne constituent-ils pas un moyen de canaliser des plaisirs primaires vers des sentiments plus élevés, tel l'amour de la beauté ?

La doctrine

L'esthétique médiévale [1] ne se borne pas à des considérations sur la beauté, elle établit un lien entre celle-ci et Dieu.

Au début du Moyen Âge, selon Boèce, célèbre philosophe et poète latin né à Rome vers 480, mort près de Pavie en 524, le plaisir provient de la perception de l'harmonie objective par l'harmonie du sujet. Il est agréable d'appréhender la ressemblance des choses avec soi-même. Lorsque nous percevons des modes doux et mélodieux, nous éprouvons du plaisir; au contraire, si les modes deviennent chaotiques, nous ressentons une pénible impression. Entre le sujet et l'objet existe donc une interaction.

La raison l'emporte sur la sensibilité. Les sens ne peuvent saisir les proportions compliquées, sinon d'une manière confuse, même s'ils les apprécient. En architecture, par exemple, l'œil et le raisonnement doivent intervenir tous les deux. Le manœuvre doit accepter le contrôle de l'architecte.

Il existe dans le sujet une concordance entre le plaisir et la facilité, la simplicité. Plus une consonance s'avère simple, plus elle est facile à percevoir; plus facilement on l'appréhende, plus on éprouve de contentement. La remarque s'applique aussi bien aux arts plastiques qu'à la musique.

L'homme simple peut jouir de la beauté sans se poser de questions, mais le sage doit connaître les raisons de son plaisir. Si le musicien se délecte à entendre une mélodie, il lui faut connaître les proportions qui déterminent les consonances. Il ne s'agit cependant pas d'opposer plaisir esthétique et connaissance intellectuelle; entre les deux se situe l'esthète savant.

Si la pensée de Boèce apparaît profane, au moins dans ses œuvres scientifiques, celle de Cassiodore, homme poli-

1. Fondamental sur ce sujet est l'ouvrage d'Edgar de Bruyne, *Études d'esthétique médiévale*, auquel les pages suivantes doivent beaucoup. Les textes sont cités d'après ce travail.

tique et érudit latin né vers 490, mort vers 580, est toujours chrétienne dans la mesure où elle manifeste l'utilisation pratique de l'art pour la religion. Ainsi, éprouvant de l'émotion devant la nature, il déclare : « Ah ! comme le globe brillant du soleil délecte nos sens ! De quel bien-être nous emplit la lumière de ce monde ! Par leurs charmes admirables les fleurs nous font revivre quand nous les contemplons. Et c'est avec des plaisirs exquis que nous regardons les paysages verdoyants, la mer toute bleue, l'air transparent, les étoiles étincelantes. » Mais il ajoute aussitôt que, si la création nous remplit de joie, la majesté divine à plus forte raison nous cause une délection infinie.

Les humanistes carolingiens pensent également que le but suprême de notre vie est de contempler la perfection infinie de Dieu. Tout ce qui est vrai, bon, beau, mérite d'être aimé, dans la mesure où par cet amour l'âme se purifie et ainsi veut le bien en soi, c'est-à-dire Dieu.

Si en droit les arts n'occupent donc qu'une place inférieure, ils méritent d'être pratiqués parce que, en les aimant pour eux-mêmes, on aime le Bien, le Vrai, le Beau dont ils constituent le reflet. Le chrétien doit hausser de tels trésors appréciés des philosophes. « Est-il chose plus facile que d'aimer les belles formes, les doux parfums, les sons suaves, les caresses agréables, sans parler des honneurs et des bonheurs de la terre... N'est-il pas facile à l'âme d'aimer ces biens qui passent comme l'ombre ? Et comment lui serait-il difficile d'aimer Dieu, qui est la beauté, la douceur, la suavité, la joie, la félicité pour toujours ?... Que l'âme aime donc dans l'ordre : qu'elle préfère ce qui est en haut, c'est-à-dire Dieu, et rejette ce qui gît en bas, c'est-à-dire la matière. » Ainsi Alcuin admet-il un plaisir esthétique lié à l'amour du bien, au désir d'éternité. S'il place au-dessus de tous les biens la beauté divine, il ne désavoue pas la valeur en soi des belles formes sensibles.

L'esthétique carolingienne, bien que restant fidèle à la tradition chrétienne, refuse de choisir entre la vérité du contenu et la beauté de la forme. Le démon tente les hommes à l'aide des plaisirs sensibles, mais, si nous utilisons ces derniers pour nous élever vers Dieu, nous agissons bien. C'est pourquoi Alcuin justifie les riches décorations des édifices religieux.

Jean Scot Érigène, théologien irlandais du IXe siècle, montre le premier l'opposition entre l'attitude esthétique et l'attitude pratique. « Supposons deux hommes, l'un sage et insensible à l'aiguillon de la cupidité, l'autre plein de désirs désordonnés. Se trouvant au même endroit, on leur montre un objet d'art dont la forme est aussi élégante que la matière en est précieuse. » Tous deux le regardent. Le sage rapporte la beauté du vase à la louange du Créateur : aucune cupidité ne l'anime, nulle passion ne trouble son plaisir de la beauté. L'avare, quant à lui, est enflammé par le désir ; il ne rapporte pas la beauté de l'objet à la gloire de Dieu et se laisse emporter par la cupidité. La beauté objective du vase reste la même, mais les deux hommes ont une attitude fort différente.

Jean Scot adopte donc une attitude extrême. Pour lui la jouissance engendrée par la vision du beau doit être explicitement rapportée à la beauté divine ; il ne voit pas semble-t-il que l'admiration désintéressée peut être valable sans impliquer d'intention religieuse volontaire.

Pour la conscience humaine la beauté comporte deux niveaux : le sentiment immédiat et le jugement réfléchi. Le mal n'existe que lorsque nous agissons mus par le désir, que nous nous arrêtons à la nature sensible des choses au lieu de tout rapporter à Dieu.

Franchissons quelques siècles et arrivons au cœur du Moyen Âge. Guillaume d'Auvergne, vers 1180-1249, évêque de Paris en 1228, exprime son sentiment sur le beau dans son traité *Du Bien et du Mal*. La beauté se définit par rapport à la morale.

Alexandre de Halès, vers 1185-1245, opère, nous l'avons vu, une distinction entre les sens supérieurs et les sens inférieurs. Cette opinion se développe au XIIIe siècle, augmentant la différence entre plaisir matériel et biologique et plaisir spirituel. Alexandre rappelle que l'on peut jouir du beau de façon égoïste ou de façon religieuse. Toute beauté finie doit nous inciter à contempler la beauté infinie.

Saint Bonaventure et saint Thomas insistent sur le plaisir formel de la vision.

Selon saint Bonaventure, il existe trois types de plaisirs sensibles. Les sens jouissent d'un objet lorsqu'il est beau ou suave ou salubre. Mais avant toute jouissance, la perception de qualités sensibles fait pénétrer le monde corporel dans la conscience. Ensuite un jugement raisonné est porté sur le plaisir éprouvé.

Lorsqu'un objet a agi sur le sujet et qu'il y a proportion entre ces deux éléments, le plaisir apparaît ; l'harmonie est cause de toute délectation.

Plus l'objet est beau, plus le sujet éprouve de plaisir. Aussi le Beau suprême engendre-t-il une jouissance infinie.

« Trois conditions sont nécessaires à la beauté, écrit saint Thomas d'Aquin. D'abord assurément l'intégrité ou la perfection, car les choses incomplètes sont laides. Puis la juste proportion ou harmonie. Et enfin la clarté, parce que les choses qui ont une couleur brillante sont dites belles. » La notion de beauté est donc ramenée aux idées de perfection, de proportion et de lumière.

Et d'ajouter : « Il est de la nature formelle du beau de combler l'appétit de l'homme non par la possession de la réalité de l'objet, mais par la connaissance de son espace ou de sa forme esthétique.

« C'est pour cette raison que parmi les sens, dont la première fonction est de servir les instincts réels, ceux qui sont les plus " contemplatifs " sont mis en rapport avec la beauté : ce sont la vue et l'ouïe, qui sont davantage au service de la connaissance intellectuelle de l'esprit. »

Pour saint Thomas, le plaisir suppose à la fois connaissance et amour. Le beau ne peut engendrer de plaisir si l'on ne souhaite pas regarder. Le beau est toujours lié au plaisir de la contemplation. Mais on peut contempler de beaux objets en faisant abstraction de leur intérêt spirituel ; on peut aussi éprouver de la joie en regardant des êtres humains.

Le beau se distingue du bien et du vrai. Le plaisir ressenti provient pour le bien du perfectionnement qu'il entraîne, pour le vrai de la conformité de notre jugement avec la réalité, pour le beau de la simple appréhension de la forme.

Bien et beau peuvent cohabiter. Il arrive que les mêmes formes concernent les désirs biologiques et la pure jouissance de la contemplation. « Dans les plaisirs vitaux il faut faire une distinction entre ce qui est fondamental et ce qui est accessoire. Ce qui est absolument nécessaire à la vie, soit l'usage de la femme en vue de la conservation de l'espèce, soit l'usage de la nourriture et de la boisson en vue du maintien de l'individu, est lié à certains plaisirs biologiques essentiels. Mais à ces biens nécessaires s'adjoignent des éléments accessoires, grâce auxquels l'usage de l'indispensable devient plus attrayant et plus délectable ; ainsi le goût et l'odeur de la nourriture et, dans un autre ordre, la parure et la beauté de la femme. »

Les joies purement psychiques comportent trois catégories. Il y a en premier lieu les plaisirs moraux et scientifiques, puis les plaisirs esthétiques, tels ceux de la conversation, enfin ceux qui ont trait à des biens extérieurs, comme la détention d'une fortune.

Les œuvres d'art sont faites les unes pour l'utilité, les autres pour le plaisir. Si Thomas condamne celles qui présentent, comme les statues des idoles, un caractère immoral, il admet celles dont on fait un usage vertueux : les images pieuses qui servent à instruire les fidèles, les chants destinés à la louange divine. Il engage à examiner les œuvres qui ne sont pas mauvaises en fonction de la qualité des plaisirs qu'elles procurent.

Êtres et paysages

Le plaisir esthétique est lié de façon privilégiée à la vision, laquelle dépend de la lumière. Par opposition aux ténèbres, génératrices de peur, les hommes du Moyen Âge sont sensibles à tout ce qui brille.

Les trouvères expriment leur amour de la lumière lorsqu'ils célèbrent la beauté féminine. Les cheveux blonds ressemblent aux rayons du soleil tant ils resplendissent.

La beauté lumineuse de la femme engendre une joie immense :

Quand je regarde ton corps, entends tes paroles
et vois ton visage, tout mon cœur s'éclaire,

s'écrie Gace Brûlé.

Pourquoi la beauté d'Énide frappe-t-elle autant Érec lorsqu'il l'aperçoit pour la première fois dans le roman de Chrétien de Troyes, *Érec et Énide* ? Parce qu'elle est lumineuse.

Je vous assure que les cheveux d'Iseut la Blonde,
aussi dorés et luisants qu'ils fussent,
n'étaient rien en comparaison de ceux-ci.
Son front et son visage étaient
plus lumineux et plus blancs que n'est la fleur de lis.
Et cette blancheur était merveilleusement rehaussée
d'une fraîche couleur vermeille
que Nature lui avait donnée
et qui illuminait sa figure.
Les yeux répandaient une telle lumière
qu'ils semblaient être deux étoiles.

Froissart est captivé par les reflets du soleil sur les heaumes, les cuirasses, les pointes des lances, par les couleurs chatoyantes des bannières d'un groupe de cavaliers. Olivier de la Marche admire l'éclat de ces reflets sur les cheveux blonds de gentilshommes allemands et tchèques. Sur les habits des riches seigneurs sont parfois cousues de multiples pierres précieuses.

Les savants essaient de démontrer que la lumière constitue la source de toute beauté. Là où il y a des corps se trouve de la lumière. Et dans ces corps elle forme l'essence de toute perfection. Plus un corps est brillant, plus il est beau et noble. Mais la lumière n'est pas seulement la chose la plus belle, elle constitue aussi la chose la plus délectable en ce monde, selon Robert Grosseteste, chancelier à Oxford, évêque de Lincoln en 1235. Elle unit le beau au bien : « Métaphysiquement Dieu est la lumière à l'état pur et, dans la mesure où les choses sont lumineuses, elles ne sont pas seulement nobles, elles sont divines. »

Beauté des personnes, beauté des paysages. Guy de Bazoches, dès 1175, vante Paris : « Elle est située au sein d'une vallée délicieuse, que couronne un cercle de montagnes, orné par tous les soins féconds de Cérès et de Bacchus. La Seine qui est loin d'être méprisable, parmi la cohorte de fleuves et s'enorgueillit dans son lit, arrive de l'Orient et forme une île, enserrant dans ses deux bras la tête, le cœur, la moelle de toute la ville. Deux faubourgs s'étendent sur la gauche et sur la droite, dont le moindre excite l'envie des cités envieuses. L'un et l'autre faubourgs émettent vers l'île deux ponts de pierre... Le pont qui est dit Grand, large, riche, commerçant, bouillonne, exhale, abonde en navires, en richesses, en marchandises innombrables, il bouillonne de navires, exhale des richesses, abonde en marchandises. Voilà un lieu qui n'a pas son égal. Quant au pont Petit, il est destiné aux logiciens qui y passent, s'y promènent ou y discutent. Au sein de cette île surgit la hauteur dominante du palais royal. » Le regard s'émerveille devant ce palais que Philippe le Bel fait reconstruire. Jean de Jandun, dans son *Éloge de la ville de Paris*, écrit : « Dans ce siège très illustre de la monarchie française a été élevé un splendide palais, témoignage superbe de la magnificence royale. Ses murailles inexpugnables offrent entre elles une enceinte assez vaste et assez étendue pour pouvoir contenir un peuple innombrable. »

Les environs de la ville où les riches habitants font construire de superbes demeures peuvent susciter tout autant d'admiration. Villani décrit, de la sorte, en 1338, les environs de Florence : « Il n'était citoyen, bourgeois ou magnat, qui n'eût édifié ou n'édifiât dans le contado, grande et riche propriété, et fort riche demeure, avec de superbes édifices, beaucoup plus beaux qu'en ville; chacun succombait à ce vice et leurs dépenses sans mesure faisaient tenir ces gens pour fous. C'était chose si belle de voir que les gens de l'extérieur arrivant à Florence sans la connaître croyaient pour la plupart, à voir ces riches édifices et ces beaux palais construits hors de la ville dans un rayon de trois milles, qu'ils faisaient tous partie de la ville comme à Rome ; cela sans compter, plus loin de la ville, ces riches palais, tours, cours et jardins, clos de murs qu'en d'autres lieux on aurait appelés places fortes. En somme on estimait que dans un rayon de 6 milles autour de la ville il y avait tant de riches et nobles demeures que deux Florence n'en auraient pas autant. »

Au XVe siècle, Leon Battista Alberti se veut le théoricien d'un nouvel art de bâtir, véritable science destinée à embellir la cité, à favoriser le commerce, à faciliter la vie quotidienne, à créer du plaisir notamment pour les yeux. Il conçoit ainsi une ville déjà fonctionnelle dont les rues rectilignes débouchent sur des monuments mis en valeur par la perspective, bien différente de la cité médiévale aux rues tortueuses. Il recommande à l'architecte d'éviter les parties nuisibles ou déplaisantes à la vue, de prévoir les chemins bien aisés, les places des marchés amples et spacieuses, une bonne situation de tous les édifices publics et privés, le long des rues et des ruelles.

Certains paysages procurent de fortes émotions, surtout lorsqu'on les découvre après un long voyage comme Ca da Mosto en 1455 : « Le Cap Vert est élevé et fait plaisir à voir. Il s'étend entre deux montagnes, au milieu d'elles, et s'élance en mer tout entouré de cases et de maisons habitées par les Noirs... J'ai beaucoup voyagé en de nombreux pays, vers le Levant ou le Couchant, mais je n'en ai jamais vu de plus beau. »

Selon Robert Mandrou, « l'œil qui règne aujourd'hui se trouve au troisième rang, après l'ouïe et le toucher, et loin après ceux-ci », et il ajoute qu' « en cela l'époque moderne prolonge un caractère essentiel de la civilisation médiévale ». Voire. Déjà Jacob Huizinga, dans son livre *Le Déclin du Moyen Âge*, parlait de la primauté de la vue. Les choses semblent plus complexes. La mystique de la lumière, si caractéristique du Moyen Âge, valorise la vue. Une tension se manifeste entre celle-ci et l'ouïe qui longtemps joue un rôle primordial sur le plan de la transmission des connaissances. Si l'art médiéval est avant tout visualisation, c'est l'oreille qui capte le sermon du prédicateur. Équilibre, mais équilibre qui se rompt au XIVe siècle en faveur de l'œil. Certes l'usage de l'écriture tend à se répandre depuis 1200-1250 dans la classe dominante. Mais surtout, alors que l'oreille qui détermine l'endroit d'où vient le son ne pressent qu'un espace à une dimension, la vue s'empare de tout l'espace : « Vivant, je me sais vu, et ma propre visibilité me fait être dans l'espace », écrit Paul Zumthor.

Le plaisir esthétique provient donc notamment des arts plastiques.

Architecture. Sculpture. Peinture

Les textes permettent dans une certaine mesure d'entrevoir les sentiments éprouvés à l'égard des œuvres d'art. Certes il ne faut pas s'arrêter à des expressions qui constituent de véritables *topoi* : tel monument est le plus beau qui existe dans la ville, dans le monde. Rien n'égale dans toute la Normandie la beauté de l'abbatiale du Bec. Saint-Donatien de Bruges l'emporte par sa splendeur sur tous les autres monuments. Mais certaines pages expriment avec sensibilité un plaisir esthétique véritable.

L'homme médiéval souhaite de l'espace intérieur circonscrit par l'édifice être capable d'admirer l'espace universel, et inversement de l'espace extérieur il désire jouir de l'harmonie d'une construction limitée. La vision de la beauté architecturale met en joie, écrit au XIIIe siècle, un abbé de Saint-Germain d'Auxerre. Celui qui entre triste dans la cathédrale Saint-Jacques de Compostelle ne peut, arrivant dans les nefs supérieures, s'empêcher de ressentir un contentement qui lui fait oublier les soucis de la vie quotidienne.

Dans le *Guide du pèlerin de Saint-Jacques de Compostelle*, écrit probablement par Aimery-Picaud de Parthenay le Vieux au XIIe siècle, l'auteur, arrivant au terme de son voyage, décrit la cathédrale qu'il compare à un organisme humain, avec sa tête, son corps et ses membres. Le monument possède neuf nefs au rez-de-chaussée et six à l'étage. Il a un chef principal – la chapelle comportant l'autel du Saint-Sauveur – que couronne en quelque sorte le déambulatoire. La grande nef ressemble à un corps dont les bras sont constitués par les transepts.

Le visiteur qui admire le magnifique ensemble constitué par la cathédrale s'extasie devant les portails, tout particulièrement le portail occidental auquel on parvient par un escalier monumental. Des colonnes faites de marbres divers, des sculptures merveilleuses s'offrent à ses yeux.

Une cathédrale parfaite. « Dans cette église, il n'y a aucune fissure, aucun défaut; elle est admirablement construite, grande, spacieuse, claire, de dimensions harmonieuses, bien proportionnée en longueur, largeur et hauteur, d'un appareil beau et soigné, et même elle est construite " en double ", comme un palais royal. Celui qui parcourt les parties hautes, s'il y est monté triste, s'en va heureux et consolé, après avoir contemplé la beauté parfaite de cette église. »

L'évêque du Mans Guy de Passavant (1145-1187) fait construire un palais qui s'intègre pleinement dans le paysage, au point que le plaisir esthétique de ceux qui des fenêtres regardent les jardins correspond à celui éprouvé par ceux qui des jardins admirent les fenêtres.

L'art de la sculpture, après un déclin prolongé, s'épanouit au XIIe siècle pour se développer ultérieurement avec une grande rapidité.

Critiquée parfois, notamment pour ses rapports avec l'idolâtrie, la sculpture connaît aussi des laudateurs. La destruction des statues antiques est dénoncée. « Il faut les juger du point de vue artistique et non religieux; ce sont des œuvres d'art plutôt que des idoles », lit-on dans le code théodosien.

L'évêque Henri de Winchester, au XIIe siècle, achète à Rome plusieurs statues antiques et les ramène dans son pays. Maître Grégoire, son contemporain et compatriote, est persuadé de la vanité de ces œuvres, mais manifeste à l'égard de leur beauté une grande admiration. Le colosse de Rhodes, dont, à cette époque, il ne reste plus que la tête et la main, l'émerveille par sa grandeur. Mais il fait également l'éloge de sa perfection, frappé par l'aspect naturel de sa chevelure légère et par la vie qui anime cette énorme figure. Il manifeste encore plus d'enthousiasme devant une statue de Vénus, représentée nue et d'un art si merveilleux qu'elle ressemble à une créature vivante plutôt qu'à une image. Les hommes du Moyen Âge paraissent avant tout apprécier la vie qui se dégage des images.

Ils distinguent beauté de l'expression et beauté de la forme. Une figure difforme capable d'effrayer est susceptible d'être belle en raison de sa force expressive. La laideur peut procurer un plaisir esthétique.

La beauté formelle accompagne fréquemment la beauté physique et morale : l'art antique représente non pas la réalité, mais un idéal. De sorte que les sculpteurs romans, et surtout gothiques, des grandes cathédrales créent des œuvres – le Beau Dieu, la Vierge Mère, des Saints et des Anges – plus belles que la réalité, afin d'honorer Dieu, à l'origine de toute beauté.

Le plaisir esthétique ne provient pas seulement des formes qui dépendent en particulier des proportions, mais aussi des couleurs dont les traités techniques étudient la composition. Ceux-ci paraissent d'abord s'intéresser aux tons simples et brillants – l'amour de la lumière a déjà été mentionné. Selon *Heraclius* – titre d'un traité technique latin, *Des couleurs et des arts des Romains*, rédigé probablement à la fin du Xe siècle à Rome et mis en prose deux ou trois siècles plus tard –, les couleurs végétales doivent garder la fraîcheur des fleurs cueillies le matin même. Tout ce qui brille – or, pierres précieuses – est beau. La couleur doit ressembler au feu, au soleil. Sa beauté est celle de la lumière, mais celle-ci provient finalement du ciel où se trouvent le soleil, la lune, les étoiles.

A partir des XIIe et XIIIe siècles, il est fait mention de nuances issues de la composition de tons simples. Le livre III d'*Heraclius*, ajouté au XIIIe siècle, manifeste cet intérêt : « De toutes les couleurs simples l'expression est belle par elle-même, mais quand on les mélange, elles deviennent encore plus belles les unes par rapport aux autres par suite de la variété qu'elles engendrent. Des couleurs composées agissent d'une autre manière que leurs éléments isolés ; leur beauté dérive d'une part de la nature propre des composants, de l'autre, de l'interaction de ces composants. Dans le mélange, comme aussi dans la manière de poser les couches l'une sur l'autre (et à côté l'une de l'autre) se manifeste toute la finesse de l'art. C'est ainsi que naissent les nuances les plus variées, les plus belles et les plus délectables. »

Selon le moine Théophile – auteur, peut-être, au XIe siècle, d'un ouvrage qui constitue l'un des meilleurs manuels techniques du Moyen Âge –, les figures doivent former des taches blanches ou grises, vertes et jaunes, avec des nuances rouges et rosées sur les fresques dont le fond sera bleu azur.

Les couleurs doivent être durables et brillantes parce que de telles qualités engendrent la beauté. Le métier doit être solide, précis afin que l'œuvre puisse être achevée. Pour qu'elle soit capable de procurer une jouissance esthétique, certains manuscrits de l'ouvrage de Théophile comportent une introduction qui définit les règles picturales : « C'est graduellement par parties que s'enseignent les arts. Le peintre doit d'abord apprendre à faire les couleurs. Puis applique ton esprit aux mélanges : pour le bon peintre, il y a autant de mérite à résoudre les problèmes posés par l'éclat, le moelleux, la durabilité des tons qu'à harmoniser les couleurs. Ensuite compose un tableau, mais achève tout jusqu'au moindre détail afin que ta peinture soit toute tournée à la beauté et forme pour ainsi dire un ensemble parfaitement calculé... »

La vue des couleurs procure un plaisir auquel se mêle une part de rêve, car leur confection, à lire les traités, fait intervenir à la fois des minéraux, des insectes, des fleurs, évoque des contrées exotiques ou des légendes. En outre, les couleurs possèdent une signification symbolique et leur fabrication s'apparente à l'alchimie. Il n'est donc pas étonnant que l'auteur d'un traité recommande au peintre de garder le secret qui perdurera jusqu'aux Van Eyck.

Pour beaucoup s'ajoute sans doute au plaisir de la vision un sentiment de mystère.

Les grands seigneurs font appel à des artistes qu'ils considèrent comme des artisans pour construire des châteaux, les décorer. Ils ne jouissent pas tous en contemplant des œuvres d'art, mais certains d'entre eux sont de véritables esthètes, tel Jean, duc de Berry, frère de Charles V.

Musique

Lorsque le narrateur, dans le *Roman de la Rose*, pénètre dans le jardin, il croit se trouver dans le paradis terrestre. Et la première chose qu'il y découvre, ce sont les oiseaux.

« Il y avait profusion d'oiseaux chanteurs, en troupes à travers tout le verger. Ici il y avait des rossignols, là des geais et des étourneaux, ailleurs encore de grandes écoles de roitelets et de tourterelles, de chardonnets et d'hirondelles, d'alouettes et de mésanges ; des calandrelles étaient regroupées en un autre endroit, qui, fatiguées de chanter, auraient pu en perdre l'envie. Il y avait des merles et des grives mauvis qui aspiraient à surpasser par leur chant les autres oiseaux. Il y avait ailleurs des perroquets et toutes sortes d'oiseaux qui dans les bosquets et les bois où ils habitent prennent plaisir à leur beau chant.

« Ils faisaient un bien bel office, ces oiseaux que je vous énumère. Le chant qu'ils chantaient semblait venir d'anges du ciel, et sachez bien qu'en l'entendant ma joie fut très vive car jamais si douce mélodie ne fut entendue d'homme mortel ; il était si beau et doux, ce chant, qu'il ne semblait pas être un chant d'oiseaux, mais qu'on aurait pu le comparer aux chants des sirènes de mer, que l'on appelle ainsi à cause de leur voix qu'elles ont claire et sereine. Les oisillons faisaient tous leurs efforts pour chanter : ce n'étaient pas des apprentis ni des ignorants, et sachez que lorsque j'entendis leur chant et que je vis le lieu verdoyant, je devins très gai, à un degré tel que je ne l'avais encore jamais été...

« Les oiseaux étaient en train de faire leur office doux et

plaisant : ils chantaient des lais d'amours et des chansons courtoises en leur langage, les uns à haute voix, les autres tout bas. De ce si beau chant, ce n'était pas pour rire, la douce mélodie m'a mis au cœur une grande allégresse printanière. Mais après quelque temps passé à écouter les oiseaux, je ne pus me retenir d'aller voir Deduit... »

Après avoir entendu, le jeune homme veut donc voir. Pendant que Deduit et de belles gens dansent la carole, une dame qui s'appelle Liesse chante pour eux de manière plaisante, des musiciens jouent de la flûte, des ménestrels chantent l'un des rotrouanges, l'autre des airs de Lorraine. Et, lors de la description du verger, l'auteur n'oublie pas de noter que l'eau s'écoule « avec un murmure doux et agréable ».

Le poète Jean de Condé (vers 1275-1280 – vers 1345) est l'auteur d'une *Messe des Oiseaux* qui fait évidemment la part belle à leurs chants.

Dans la réalité, nombre de bruits qui ne relèvent pas de la musique apportent joie et contentement. Lorsque des chasseurs fervents sont réunis, tout leur entretien porte sur leur distraction favorite. Et Gace de la Buigne rapporte qu'à la cour du roi de France, au XIVe siècle, on parle si souvent de vénerie et de volerie que s'y ennuient les personnes qui n'apprécient pas ces plaisirs.

Bruit des paroles, bruits divers plus ou moins plaisants, selon l'état d'esprit de celui qui écoute. Parlant des chasseurs, Jonas d'Orléans écrit au IXe siècle qu'ils préfèrent les aboiements des chiens aux hymnes des anges ; et Lambert d'Ardres, dans sa chronique composée entre 1194 et 1206, déclarent qu'ils aiment mieux le son du cor que la cloche du prêtre et la voix des lévriers que celle du curé.

Et de même que l'on admire l'éclat des costumes, on prise fort les tintements qu'ils suscitent. La Hire porte un manteau rouge garni de clochettes d'argent. Quand Louis XI fait son entrée à Paris en 1461, les chevaux des comtes de Charolais et de Saint-Pol et ceux du seigneur de Croy ont le caparaçon orné de grosses clochettes. Le cheval du futur duc de Bourgogne porte également sur le dos une clochette pendue entre quatre piliers. Lors du mariage du comte de Genève à Chambéry en 1434, des seigneurs et des dames dansent, vêtus de blanc relevé « d'or clinquant »; aux ceintures des hommes des sonnettes tintinnabulent. Et la musique procure une joie qui peut atteindre une dimension spirituelle.

De nombreux traités d'esthétique musicale ont été écrits depuis les premiers siècles du Moyen Âge, mais ils demeurent généraux et vagues.

Selon Cassiodore, la musique caractérisée avant tout par sa sonorité provient soit de la voix, instrument créé par la nature, soit d'instruments à cordes ou à souffle, c'est-à-dire les cithares et les flûtes fabriquées par l'homme et recourant à l'usage de la main.

La musique, dit-il à Boèce, aime les pensées avisées, les belles paroles, les gestes mesurés : elle constitue le symbole de la vie chrétienne. Sur le plan psychologique, son effet premier est le plaisir. Cassiodore mentionne à maintes reprises la suavité des instruments aux doux sons.

La musique nous fait oublier soucis et préoccupations. Elle nous transforme, car elle change en joie la tristesse, apaise la colère, fait naître des sentiments de douceur, repose les âmes fatiguées, transmue la haine en bienveillance. Alors que c'est le sens intelligible des mots qui habituellement agit sur l'âme, la musique l'influence à l'aide de sons matériels. Elle constitue un langage dépourvu de paroles et « c'est par les plaisirs les plus doux qu'elle guérit l'âme de ses passions ».

La pensée médiévale place au premier rang la musique céleste, objet non pas d'audition, mais de contemplation, harmonie spirituelle qui constitue la source de toute musique sonore. La musique du monde apparaît comme un symbole sensible de la musique spirituelle. Il s'agit ici de la polyphonie : toute musique entraîne un plaisir, mais la joie résultant de voix diverses, simultanées et harmonieuses apparaît inappréciable.

Roger Bacon – franciscain anglais né vers 1220, mort après 1292 –, pour qui l'oreille se réjouit grâce à la musique instrumentale et au chant de la voix humaine, pense qu'il existe en outre une musique plastique, la danse, comportant gestes, sauts et flexions du corps. Et le plaisir esthétique total ne peut être produit que par l'union de la musique sonore et de la danse plastique. « Pour que le plaisir esthétique soit complet, il faut que la vue et l'ouïe soient intéressées à la fois. Qu'il y ait donc adaptation réciproque entre le mètre poétique, la mélodie du chant, l'accompagnement instrumental, et qu'aux rythmes et aux accords des sons correspondent, par des " figures " appropriées et par les cadences qui conviennent, les gestes et les mouvements harmonisés. Ce n'est qu'alors que le plaisir résultant de la perception des proportions deviendra parfait : c'est là un fait d'expérience indéniable. »

On comprend qu'une élite protège les musiciens et prise leurs œuvres. C'est « chose convenable, selon Philippe de Mézières, que le roi ait des ménestrels de bas instruments pour se recréer et faire bonne digestion après conseils et travaux. » De même les princes accordent à la musique une place importante parmi leurs distractions.

Comme sa mère, Charles d'Orléans joue de la harpe. En 1413, Jehan Petit Gay se dit son harpeur et valet de chambre. Charles rapporte d'Angleterre plusieurs chansons notées, reçoit volontiers les ménestrels, joueurs de luth, de guitare et de hauts instruments. Il apprécie les trompettes et les concerts sacrés, et ses domestiques comptent toujours parmi eux un organiste et des chantres. Ce n'est qu'après avoir atteint la vieillesse qu'il ne goûte plus les concerts de tambourin lors des Mais.

Les ducs de Bourgogne sont également passionnés de musique. Philippe le Bon, qui a appris à jouer de la harpe, s'intéresse beaucoup aux ménestrels et aux autres musiciens. Parmi ses officiers et domestiques se trouvent des pages de la musique, ménestriers ou violons, harpeurs, hautbois et trompettes. Dufay enseigne probablement la musique au comte de Charolais et semble avoir fait partie de la chapelle de Philippe. Celui-ci nomme Binchois son chapelain et lui accorde une prébende à Sainte-Waudru de Mons. La chapelle emploie de nombreux instruments : lors de la fête du Faisan interviennent l'orgue et la harpe, le cor allemand, la trompette, le hautbois, la cornemuse, le tambourin, la guitare, la vielle et le violon.

La chapelle de Charles le Téméraire comporte vingt-quatre chanteurs, des enfants de chœur, un organiste, un guitariste, plusieurs joueurs de viole, des hautboïstes. « Le duc Charles recueillait les plus fameux chantres du monde et entretenait une chapelle étoffée de voix si harmonieuses et délectables qu'après la gloire céleste il n'y avait si grande liesse », écrit Molinet. Charles se fait chanter quotidiennement une messe et se délecte de musique même en dehors des cérémonies liturgiques. Il compose plusieurs chansons et un motet, bien qu'il n'ait pas une belle voix. Peut-être joue-t-il de quelque instrument, car il a reçu en cadeau une harpe à l'âge de sept ans.

Toutes les classes sociales d'ailleurs semblent apprécier la musique, en particulier lors des fêtes où l'on danse. Les bergers portent avec eux des instruments de musique, grâce auxquels ils se distraient. Ils jouent de la cornemuse, de la flûte.

Au total, ainsi que l'écrit Guillaume de Machaut :

Musique est une science
qui veut qu'on rie et chante et danse :
elle n'a cure de mélancolie...
Partout où elle est, elle apporte la joie,
elle réconforte les malheureux,
et il suffit seulement de l'entendre
pour que les gens se réjouissent.

... se réjouissent et rendent grâces à Dieu.

Par la joie qu'elle procure, la musique donne même un avant-goût du bonheur céleste. Elle élève l'âme tout en charmant le corps, estiment les théoriciens. Cassiodore écrit à Boèce : « Les païens affirment que le bonheur céleste consiste à jouir des plaisirs de la musique universelle, qui ne connaît ni fin, ni déclin. Or tout cela est vrai, si l'on ne met pas le bonheur céleste dans la musique sensible et matérielle, mais dans l'Auteur de toute harmonie ; on dit que sans musique rien ne peut subsister et que sans elle la joie est impossible et cela est vrai. Mais il est plus vrai encore que c'est sans Dieu que rien ne peut être et qu'il ne peut exister de bonheur. »

A l'époque carolingienne – mais aussi avant et après –, certains veulent exclure la belle musique des édifices religieux. S'inspirant de saint Jérôme, ils opposent la mélodie erronée des sens à l'harmonie des bonnes actions. Dieu préfère l'homme vertueux au chanteur, même doué de talent ! Agobard de Lyon, mort en 841, stigmatise « ces chanteurs qui imitent les récitals que l'on entend au théâtre et sur la scène ou qui poursuivent dans leur chant une douceur exagérée. On dit que la musique chasse les démons, on ferait mieux de reconnaître que ces chants-là les introduisent dans le cœur. Un esprit libre ne s'asservit pas aux sens corporels, il résiste aux vaines jouissances procurées par l'oreille aussi bien qu'aux autres plaisirs sensibles ».

Mais, de même que saint Augustin s'était opposé à saint Jérôme, de même d'autres écrivains carolingiens ont une opinion différente de celle d'Agobard. Ainsi le Pseudo-Hucbald : « Sans doute celui qui chante de cœur est plus agréable à Dieu que celui qui ne chante que de la voix. Mais la voix et le cœur viennent du Créateur, et le double chant de l'esprit et du corps, quand l'âme chante suavement devant le Seigneur, en même temps que la douceur de la voix émeut la sensibilité de saintes émotions, est certainement plus utile et plus complet que le chant de l'un ou de l'autre... Si les virtuoses – joueurs de cithare, de flûte ou d'autres instruments, et aussi les chanteurs et les cantatrices profanes – se donnent toutes les peines possibles pour mettre, par leur art, de l'harmonie, du rythme, de la mesure dans ce qu'ils chantent, en vue de délecter l'oreille de ceux qui les écoutent, pourquoi devrions-nous chanter les cantiques sacrés sans art et d'une manière négligée, au lieu de poursuivre cette même beauté de l'art que les musiciens essaient de réaliser dans des niaiseries profanes. »

Dans les années 1170 paraît à Chartres un grand humaniste, Jean de Salisbury, qui devient évêque de la ville. Dans le *Polycraticus*, traité de morale pratique destiné aux seigneurs, aux clercs, aux rois, il traite des questions posées à la liturgie chrétienne à propos de la délectation procurée par le chant. Elle peut inquiéter ceux qui souhaitent exclure du culte divin tout plaisir idolâtre. Deux questions principales sont posées : peut-on ajouter au texte sacré une paraphrase chantée ? Peut-on, sur les voyelles de la parole sacrée, dérouler les notes d'une vocalise ? Puisque celle-ci se fait sur une seule lettre, elle ne signifie rien et ne concerne apparemment que le plaisir sensible. Mais Jean de Salisbury rétorque : « Si [la facilité et la douceur de la modulation] sont limitées par la règle de la modération, elles délivrent l'esprit des soucis, mettent un terme aux sollicitudes temporelles, et par une certaine participation à l'allégresse et au repos, par une exultation amicale qui bondit en Dieu, elles transportent les esprits humains dans la société des anges. Mais d'où tenez-vous cette formule de modération ? Mes lèvres, dit le texte sacré, exulteront quand je chanterai pour toi. Si donc c'est en puisant dans l'abondance du cœur que ta bouche module la louange du Seigneur, si c'est selon l'esprit et l'intelligence que tu psalmodies, si enfin tu psalmodies en sage, même en deçà du sens intelligible de la parole articulée, tu tiens la règle la plus droite de la mesure, et c'est moins par la jubilation de la voix que de l'intelligence que tu caresses les oreilles... » Telle est la vocation du chant grégorien. Il est fait pour les oreilles, il peut s'exprimer sans avoir recours à la parole articulée. Mais, en premier lieu, sa justification réside dans la joie spirituelle qui se distingue facilement du plaisir sensible et se manifeste dans la prière et l'amour de Dieu. D'autre part cette spiritualité a rapport avec l'intelligence que montre la cohérence harmonieuse de la musique.

Certaines mystiques anglaises du XIVe siècle ont l'impression d'entendre des sons harmonieux. Les *Révélations* de Julienne de Norwich comportent seize visions concernant la Passion du Christ. Selon l'une d'elles, Julienne élevée jusqu'au ciel voit un banquet, celui auquel toute âme transfigurée par son Créateur peut atteindre. Le Seigneur emplit ce banquet de joie et d'allégresse, « ne cessant personnellement de contenter et consoler ses très chers amis, en toute intimité et courtoisie, par une merveilleuse mélodie d'amour infini qui émanait de son bel et bienheureux visage divin »...

Après des années de vie mondaine, Margery Kempe – mariée et mère de famille – se convertit et mène dès lors une vie toute de pénitence et de prière. Ses Mémoires font état de musiques divines perçues lors de ses expériences mystiques, et ceci pendant vingt-cinq ans, particulièrement lorsqu'elle prie dévotement.

Elle entend trois sortes de musique. La première est une musique du Saint-Esprit. « Notre Seigneur le transforma en la voix d'une colombe, puis en celle du petit oiseau qu'on appelle rouge-gorge, lequel lui chantait fort joliment et souvent à l'oreille droite. » La seconde est liée à la Passion de Jésus qui se manifeste d'abord en elle par une musique horrible ; en même temps la répulsion se transforme en joie, la joie des élus, la joie du Rédempteur. La troisième provient du Paradis. « Une nuit, cette créature était étendue sur son lit, avec son mari. Elle entendit un son mélodieux et si suave, si délectable qu'elle se crut au Paradis. Sur quoi elle sauta vivement à bas du lit et dit : " Hélas ! Pécheresse que je suis ! il y a grande joie au Paradis ! " Cette mélodie était si suave qu'elle surpassait toute mélodie jamais entendue ici-bas et fut cause qu'entendant, par la suite, quelque cantilène joyeuse, elle versait d'abondantes larmes, fort dévotes, avec de grands sanglots et soupirs, tant elle avait nostalgie de la joie du Ciel. Dès lors, elle ne cessait d'avoir, en l'esprit, cette joie et cette mélodie céleste... »

Molinet signalant que Charles le Téméraire au camp de Neuss s'occupe de littérature et de musique s'extasie : « Car musique est la résonance des cieux, la voix des anges, la joie de Paradis, l'espoir de l'air, l'organe de l'Église, le chant des oiselets, la récréation de tous les cœurs tristes et désolés, la persécution et enchâssement des diables. »

Les plaisirs de l'esprit

Lambert d'Ardres qui se met, en 1194, à écrire l'*Histoire des comtes de Guines*, rédige un chapitre particulièrement intéressant sur la culture et les goûts littéraires du comte Baudouin II qu'il a fort bien connu. Ce seigneur ne s'intéresse pas seulement à ses chiens ou à ses faucons. Il s'entoure de clercs, de savants, de théologiens. Il aime les questionner, leur présenter des objections. Il tient tête aux maîtres ès arts et aux docteurs en théologie. La discussion s'échauffe, devient plaisante, ce qui n'empêche pas ses interlocuteurs de l'admirer : « Qui est celui-ci ? Il faut bien le louer, parce qu'il dit des choses merveilleuses. Mais comment connaît-il les lettres, s'il ne les a pas étudiées ? » Baudouin appelle près de lui l'érudit Landri de Waben, lui fait traduire en langue vulgaire le *Cantique des cantiques* et s'en fait lire fréquemment des passages. Un autre savant, Anfroi, lui traduit des passages de l'Évangile et de la *Vie de saint Antoine*, que le comte se fait expliquer et apprend. Un ouvrage latin de physique est mis en français à son intention. Le *Polyhistor*, œuvre du grammairien latin Solin, traitant de sciences, d'histoire et de géographie, est également traduit et lu devant lui. Lambert d'Ardres précise que Baudouin II connaît très bien la théologie et la philosophie, qu'il sait réciter des contes amusants et qu'il pourrait en remontrer aux jongleurs pour sa connaissance des chansons de geste et des fabliaux. Il forme lui-même un bibliothécaire laïc. A son instigation et sous ses yeux est composé dans son château le *Livre du Silence* ; il comble l'auteur de chevaux et de vêtements.

Cet exemple prouve que le plaisir ne réside pas seulement dans la satisfaction de besoins corporels et que même des laïcs au Moyen Âge apprécient les choses de l'esprit.

Lecture

L'amour des livres, le plaisir de lire ont existé tout au long du Moyen Âge. Alors qu'ils ne concernent d'abord qu'un nombre très restreint de personnes, des clercs essentiellement, ils se répandent ultérieurement quelque peu dans le monde des aristocrates laïcs.

Ils apparaissent dans le désir exprimé par Loup, abbé de Ferrières, d'emprunter des ouvrages pour enrichir sa bibliothèque. Écrivant à Eginhard en 829-830, Loup sollicite un prêt de livres, afin de pouvoir les recopier : « Mais ayant une fois franchi les bornes de toute retenue, je vous demande encore de me prêter quelques-uns de vos livres pendant mon séjour ici ; solliciter un prêt de livres, c'est infiniment moins audacieux que de réclamer le don de l'amitié. Ce sont : le traité de Cicéron sur la rhétorique (je le possède, il est vrai, mais plein de fautes en de nombreux endroits ; c'est pourquoi j'ai collationné mon exemplaire sur un manuscrit que j'ai découvert ici : je croyais celui-ci meilleur que le mien ; il était plus fautif)... Il y a aussi dans ce catalogue plusieurs autres ouvrages que, si Dieu m'accorde de jouir de votre faveur, je désire ardemment me voir confier, pour les copier pendant mon séjour ici, quand je vous aurai rendu les autres. » En 844, il demande à Marcward, abbé de Prüm, de se faire envoyer par l'abbé de Fulda la *Vie des Césars* de Suétone Tranquille afin de la copier, et ensuite de lui amener lui-même cet ouvrage ou de le lui envoyer par un messager très sûr, car il ne le trouve pas dans sa région. Loup prête aussi ses ouvrages, mais réclame un retour rapide.

Gautier Map, dans ses *Contes pour les gens de cour*, ouvrage écrit à la fin du XIIe siècle, insiste sur la détente que procure la lecture : « Toi quand tu auras respiré après une réunion consacrée à la philosophie ou à la religion, puisses-tu trouver du plaisir à lire ou à entendre les bêtises sans grandeur ni force de cet ouvrage, à titre de loisir ou de récréation. »

Aux XIVe et XVe siècles, nombre de grands seigneurs aiment s'entourer de lettrés. Charles V se plaît à fréquenter les écrivains, à les réunir autour de lui. La scène est bien connue où un clerc, un genou à terre, lui présente un livre récemment enluminé. Gilles Malet, valet de chambre du roi, a établi en 1373 le catalogue de la librairie de son maître ; elle comprend un peu plus de mille volumes, ce qui est très important : « Vous avez, disait Raoul de Presles, toujours honoré la science, aimé les bons clercs, étudié continuellement en divers livres et sciences. »

Lorsque le roi voyage, il retrouve des livres dans ses résidences à Melun, au bois de Vincennes, à Saint-Germain-en-Laye, à Beauté-sur-Marne. Il aime leur donner une belle parure et les fait relier de riches étoffes de soie. Les fermoirs fréquemment sont d'or et de vermeil. Il inscrit parfois sa signature sur leurs feuillets, indique la date de leur entrée dans sa librairie, s'ils ont été exécutés, corrigés, enluminés sur ses instructions. Il apprécie également leur contenu. Sur un recueil formé à la suite de l'ouvrage de l'*Enseignement des princes*, il note : « En ce livre moral sont contenus plusieurs notables et bons livres et est à nous Charles le cinquième de notre nom, roi de France, et le fîmes écrire et parfaire l'an mil 1362. Charles. »

Pour abriter ses manuscrits, Charles V dispose de trois pièces dans la tour du Louvre, garnies de huches neuves et de sièges, revêtues de bois de cyprès et d'Irlande et dont les fenêtres sont protégées par un treillage en fil d'archal.

De Philippe le Bon on a dit qu'il était le père des écrivains, « qui toute sa vie a été nourri en histoires pour son passe-temps ». Et l'évêque Guillaume Fillastre, évoquant son besoin permanent d'activité, déclare qu'il se couche fréquemment à deux heures de la nuit, se lève à six heures du matin, ignore l'oisiveté et se consacre notamment à l'étude des livres. Les écrivains adressent à Philippe leurs œuvres dans le manuscrit original. Ainsi Hubert le Prévost présente-t-il au duc la *Légende de Saint-Hubert d'Ardenne* écrite en 1459, « étant certain qu'il prenait plaisir sur toutes choses de voir par écrit et d'entendre raconter les hauts faits des anciens et spécialement ceux entraînant à la dévotion ». Lorsque le duc est intéressé, il ordonne de transcrire les textes sur parchemin et de les décorer de miniatures. Si certaines œuvres s'avèrent incompréhensibles, il les fait traduire et adapter. Et il accepte que les écrivains utilisent sa bibliothèque pour rechercher de la documentation.

Charles le Téméraire essaie de retrouver le monde des Anciens. Pour ce faire, il a des compagnons, les livres. Molinet déclare à son propos : « Après la réfection du corps, donnait la réfection à l'âme et employait ses jours non pas en folle vanité, en mondain spectacle, mais en saintes écritures, histoires approuvées et de hautes recommandations. » A ce qu'on rapporte, il ne se couche jamais sans qu'on lui ait lu quelque exploit des Anciens. Il aime connaître les actions de ses héros préférés, Jules César et Pompée, Annibal et Alexandre le Grand, dans un texte sûr.

Isabeau de Bavière possède de bonne heure en propre un certain nombre d'ouvrages. Dès 1387, ses bagages comportent d'ailleurs un coffre de bois, couvert de cuir, fermant à clef, destiné à transporter, lors de ses voyages, ses livres et ses romans, c'est-à-dire d'une part les ouvrages latins et religieux, d'autre part les ouvrages d'instruction profane ou écrits en français. Le 12 octobre 1390, trois aunes de gros drap de Louviers sont achetés afin de confectionner des sacs où mettre les livres et romans que la reine emporte avec elle en voyage.

La comtesse d'Artois Mahaut consacre un temps considérable à la lecture. Elle fait installer dans son château d'Hesdin un pupitre qui lui permet de lire plus commodément ses romans. Elle les emporte en voyage, ainsi que ses Heures, dans des étuis ou des bourses de cuir. Ils l'accompagnent ainsi à Paris, en Artois, en Bourgogne.

Fréquemment, les nobles s'intéressent avant tout au livre en tant qu'objet matériel, rare, précieux, et beaucoup moins au texte. Ce n'est pas toujours le cas. Mais ils ne lisent pas forcément eux-mêmes. Alart le Fèvre, doyen de Leuze, est signalé comme « liseur » de Philippe le Bon. Le seigneur de Humbercourt lit fort bien les exploits des Anciens au duc Charles le Téméraire.

De même, à l'exemple des lectures publiques si répandues chez les Romains, des auteurs lisent leurs œuvres. Gaston Phébus, comte de Foix, demande à Froissart de lui lire *Meliador* après son souper qui a lieu à minuit. « Lorsque je lisais, nul n'osait parler, ni dire un mot, car il voulait que je fusse bien entendu, et ainsi il prenait grand plaisir à bien entendre ; quand arrivait un passage dont il voulait débattre, il me parlait volontiers, non pas en gascon, mais en bon et beau français. » Et Froissart de signaler par ailleurs : « Quand j'avais lu sept pages environ pour son plaisir, le comte ordonnait au son d'un instrument – c'est la vérité – que je puisse boire le reste de son vin qui venait d'un récipient d'or pur. »

Lorsque la lecture de l'œuvre entière est terminée, le comte de Foix paie notre poète. Il le rétribue pour le divertissement, mais n'achète pas le livre. Froissart en conçoit quelque déception. « Et j'emportai à Avignon, sans dommage, mon livre qu'il m'avait laissé – je ne sais si ce fut de cœur joyeux. » Gaston Phébus ne considère pas le livre comme un objet digne d'être possédé. Mais, les documents d'archives l'attestent, c'est un avare.

Dans *Le Jugement du Roy de Behaingne*, Guillaume de Machaut dépeint Jean de Luxembourg écoutant l'histoire de la guerre de Troie dans son château de Durbuy. « En très grande joie, il était assis sur un tapis de soie et un clerc, que je ne saurais nommer, lui lisait la bataille de Troie. »

Écriture

Le plaisir de lire, ou de se faire lire des ouvrages, n'est réservé qu'à une élite. Le plaisir d'écrire ne vaut que pour un nombre encore plus restreint. On ne connaît guère les sentiments éprouvés par les auteurs lorsqu'ils rédigent leurs ouvrages, mais à côté de la difficulté inhérente à l'écriture, il existe une joie de consigner des aventures imaginées ou les hauts faits des anciens. Le poète Charles d'Orléans affirme dans l'une de ses ballades :

J'ai bien le temps d'écrire des ballades,
on m'a supprimé les autres plaisirs.

Et Christine de Pisan, représentée habituellement devant son écritoire, doit trouver quelque délectation dans son travail qui par ailleurs a un but lucratif. Il s'agit, dans son cas, pour faire vivre sa famille, de composer des traités susceptibles de plaire à de généreux mécènes.

Plus large apparaît le cercle de ceux qui éprouvent de l'agrément dans une correspondance qui peut, d'ailleurs, aborder les aspects littéraires. Sidoine Apollinaire fait l'éloge du livre de Claudien Mamert sur la *Nature de l'âme*. Il définit sa manière : « J'ai consacré en effet ma plume, parfois à l'exhortation, le plus souvent à la louange, quelquefois aux conseils, rarement à la plainte, assez souvent au badinage. » Loup de Ferrières traite de divers passages de l'*Arithmétique* de Boèce, ou bien des études auxquelles il désire consacrer ses loisirs. « ... tu ne dois pas t'indigner contre moi, si je juge que je dois dépenser la très petite somme de loisirs qui m'échoit à peiner à chercher ce que j'ignore autant qu'à approfondir ce que j'ai déjà acquis. Et je ne crois pas être dans l'erreur, si je montre à ceux à qui, par la faveur divine, j'ouvris ou j'aplanis la route de la science, la nécessité de suivre la voie dans laquelle je les ai devancés, c'est-à-dire si, soit que je me serve d'un texte décisif, soit que je m'en sois servi, j'impose à mes auditeurs, aux présents, de vive voix, aux absents, par un silence obstiné, l'obligation de faire de même. »

A la fin du Moyen Âge un réseau d'échanges littéraires se met véritablement en place à travers l'Europe. Eustache Deschamps envoie une ballade à Geoffroy Chaucer « d'amours mondains Dieux en Albie ». Christine de Pisan adresse, en 1403, une *Épître* à Eustache Deschamps, « orateur de maint vers notable ». Elle l'appelle « cher maître et ami », « cher frère et ami ». Le poète dans sa réponse égale Christine à une muse :

Muse éloquente parmi les neuf, Christine.

Et dans l'envoi il lui déclare : « Ô douce sœur, moi, Eustache, comme ton serviteur je te prie de me recevoir dans ta compagnie pour que je connaisse bien l'étude; j'en deviendrai meilleur pour toute ma vie, car je te vois, comme Boèce à Pavie, unique, dans tes actions, au royaume de France. »

Lettres diverses. Lettres d'amour dans le *Voir dit* de Guillaume de Machaut. Lettres de confrères, comme celles échangées lors de la querelle du *Roman de la Rose*, entre Christine de Pisan et les secrétaires du roi Jean de Montreuil, Pierre et Gontier Col.

Nombre d'auteurs sont aussi des bibliophiles. Richard de Bury parle de son « amour extatique » pour les livres.

Mécénat

Les écrivains, pour vivre, doivent recourir à la générosité des grands qui constituent les principaux acquéreurs des manuscrits d'un prix élevé. Aussi le mécénat joue-t-il alors un rôle important. Son étude permet de connaître les livres les plus appréciés.

La librairie de Louis d'Orléans, frère de Charles VI, comporte deux parties distinctes, l'une confiée au valet de livres de la chambre de Monseigneur, l'autre la véritable bibliothèque mise en ordre par Gilles Mallet, bibliothécaire du roi. Dans celle-ci des traductions d'ouvrages de l'Antiquité, des œuvres religieuses, des textes profanes, contemporains ou non.

Louis d'Orléans demande à des érudits de traduire en français des ouvrages d'auteurs anciens, comme les *Éthiques*, les *Politiques* et les *Problèmes* d'Aristote. Il acquiert des manuscrits renfermant les textes de Suétone, Lucain, Tite-Live, Valère-Maxime.

La littérature religieuse relève peut-être moins du plaisir que du devoir. La *Bible*, les *Homélies* de saint Grégoire, les *Épîtres* de saint Paul ne constituent sans doute pas la matière du passe-temps préféré d'un prince dont on connaît par ailleurs la vie débauchée. Mais en cette période toute en contrastes, il lui arrive sans doute de lire des textes religieux.

La troisième partie de la bibliothèque est consacrée aux écrits contemporains, comme ceux de Christine de Pisan, d'Eustache Deschamps ou de Jean Froissart.

Le prince se passionne pour les récits épiques et chevaleresques, tels le *Roman de Lancelot*, les *Histoires du roi Artus*, pour les chroniques comme celles de France « ystoriées et toutes complètes ». S'y ajoutent notamment le *Roman de la Rose*, des fabliaux, ainsi que des ouvrages divers comme le *Livre du Ciel et du Monde* ou le *Livre des Échecs*.

Cette collection correspond aux goûts de l'époque.

Les livres constituant la librairie de son fils, le poète Charles d'Orléans, sont amenés de Paris à Blois en 1409. Dans la chambre du duc, au troisième étage de la tour de la Trésorerie et à proximité de son lit, entre les deux fenêtres, se trouve une armoire à trois rayons. Les rayons du milieu et du haut supportent des livres. Dans cette pièce, Charles installe les manuscrits ramenés d'Angleterre et ceux trouvés en France. Cependant, en 1455, l'ancienne chambre du retrait de Charles est aménagée à l'intention d'une librairie neuve à Orléans. Les armoires sont munies de serrures.

Tournons-nous vers la cour de Bourgogne. Philippe le Hardi crée en quelque sorte la bibliothèque que son fils Jean sans Peur développe. Leurs collections ressemblent à celles du duc d'Orléans. Trois grands thèmes, les mêmes : traductions d'œuvres antiques, littérature religieuse, ouvrages profanes divers. A cela s'ajoute cependant une littérature, une poésie officielle destinées à glorifier la maison bourguignonne.

En 1400, Dino Raponde offre à Philippe le Hardi, pour ses étrennes, un Tite-Live richement enluminé et relié. Cet ouvrage comporte la traduction faite entre 1352 et 1356 par Pierre Bersuire pour Jean II le Bon, père du prince.

Les œuvres didactiques à caractère profane apparaissent nombreuses. Philippe le Hardi possède, en effet, le *Déduit des Chiens et des Oiseaux* de Gace de la Buigne, le *Livre de chasse* de Gaston Phébus. Il acquiert une traduction de l'ouvrage de Boccace sur les femmes illustres, détient deux exemplaires du *Roman de la Rose*, divers traités de droit, l'*Arbre des batailles* d'Honoré Bovet, un bestiaire, une mappemonde, un traité d'astronomie, des œuvres de Christine de Pisan – dont le *Livre des fais et bonnes mœurs du sage roy Charles V*. Jean sans Peur, après la mort de son père, continue d'ailleurs à faire travailler Christine dont il possède les plus importants écrits. Ce prince a également acquis le *Livre du chevalier de la Tour-Landry pour l'enseignement de ses filles*, le traité de chasse intitulé *Le Roi Modus et la Reine Ratio*, et bien d'autres manuscrits. Sa bibliothèque comporte en outre un livre de médecine, un traité de géométrie, un volume traitant du *Régime du Corps*, la *Cosmographie* de Ptolémée.

A côté de cette littérature didactique religieuse ou profane, se trouvent deux volumes de fabliaux, le *Roman de Renart*, le *Décaméron* de Boccace traduit en français par Laurent de Premierfait et qu'acquiert Jean sans Peur ; des chroniques comme le *Livre des Guerres de Constantinople* – l'ouvrage de Villehardouin –, le *Roman du roi Baudouin de Jérusalem* ; des récits épiques et chevaleresques, notamment plusieurs romans de la Table ronde. La liste est loin d'être exhaustive.

On peut se demander toutefois si les grands seigneurs n'éprouvent pas avant tout du plaisir à posséder de précieux manuscrits. Selon une anecdote, les frères de Limbourg offrirent un jour à leur maître Jean de Berry une pièce de bois blanc en forme de livre, mais sans feuilles. Mais pourquoi demander des traductions si ce n'est pour s'instruire ou se divertir ?

Conclusion

Sublimation du plaisir

Les hommes du Moyen Âge dont les mentalités, la sensibilité sont imprégnées de religion, ont sublimé, tout au moins pour un certain nombre d'entre eux appartenant à une élite culturelle, religieuse, tous les plaisirs.

Nous avons vu de quelle manière les plaisirs issus des sens nobles, la vue, l'ouïe, peuvent être rapportés à Dieu. La chose ne saurait surprendre dans la mesure où ils concernent l'esprit. Mais le spirituel peut transparaître même à travers les plaisirs liés au corps.

Spiritualité et nourriture apparaissent symboliquement mêlées chez certaines mystiques. Des femmes trouvent en Dieu un être de chair qu'elles engloutissent. Hadewijch, Mechtilde de Magdebourg ou Ide de Louvain parlant de leurs rencontres mystiques utilisent le terme « manger ». Anne Vorchtlin dit à l'Enfant Jésus : « Je t'aime tellement que si je pouvais je te dévorerais. » Et Catherine de Sienne représente l'ascension de l'âme vers Dieu comme les tentatives du bébé pour atteindre le sein de sa mère.

La poésie d'Hadewijch comme la théologie de Catherine de Sienne attestent que la nourriture signifie la chair; la chair signifie la souffrance qui peut s'avérer délicieuse; et la souffrance signifie la rédemption. Jeûner, manger et festoyer sont dans une certaine mesure synonymes, ainsi que le montre Caroline Bynum. Les femmes en route vers le Seigneur parlent fréquemment à propos du trajet de

« repas » ou d'« appétit », car manger c'est s'unir à la nourriture ; or Dieu est nourriture et la nourriture est chair, et celle-ci est souffrance, donc salut.

Aux XIIIe-XVe siècles, la théologie enseigne que, lors de la consécration, Dieu devient une nourriture qui est corps. Ce moment englobe donc à la fois l'Incarnation et la Crucifixion, de sorte que la nourriture sur l'autel signifie pour les chrétiens assimilation et déchirement. Manger, c'est consommer Dieu, c'est également le mettre en pièces. Mais c'est parce que le corps de Dieu a été mis en pièces et qu'il est mort qu'il a sauvé les hommes. Devenir ce corps en mangeant, c'est verser son sang et ainsi faire œuvre de rédemption, faire accéder un corps de chair à la gloire.

L'odorat, le toucher peuvent servir à glorifier le Seigneur de façon directe ou symbolique.

Pour les Pères de l'Église, le véritable encens est celui de la prière. Ils rappellent les versets du psaume 141 (140) attribué à David, ancêtre de Jésus :

Que ma prière devant toi s'élève comme un encens.

Le Christ représente le parfum divin s'offrant sur l'autel et agréable au Père. Grégoire de Nysse, dans une étude du *Cantique des cantiques* où il s'écrie :

L'arôme de tes parfums est exquis ;
ton nom est une huile qui s'épanche...

y trouve une image de la relation du Père au Fils par l'Esprit. Le supplice des martyrs de Lyon répand une suave odeur et annonce l'union mystique de l'âme avec le Christ.

De quelle manière les auteurs chrétiens considèrent-ils l'usage des aromates ? Se référant à la pécheresse qui oignit les pieds de Jésus et fut pardonnée, Clément d'Alexandrie, imprégné de platonisme et de culture mythologique, mais converti depuis 180, demande de n'utiliser les aromates que pour des motifs de piété. « Il faut absolument que, chez nous, les hommes exhalent non pas l'odeur des parfums, mais celle des vertus et que la femme respire le Christ, l'onguent royal, et non les poudres et les odeurs, et qu'elle s'enduise de l'onguent immortel de la tempérance, qu'elle trouve sa délectation dans la sainte odeur de l'esprit. » Clément ne parle pas de l'encens, car la liturgie chrétienne ne l'utilise qu'à partir du ve siècle. Il consent à vanter la beauté des fleurs, de même qu'Origène fait l'éloge de la bonne odeur du cyprès, « à condition qu'en jouissant de leur charme par les sens, on loue le Créateur ».

L'eau, dont le contact peut être fort agréable, invite à la conversion, si l'on en croit le poète strasbourgeois Thomas Murner (début du XVIe siècle).

Alors Dieu prenant pitié de nous
a commencé à nous apprendre
comment l'on doit aller au bain,
se laver, se purifier, perdre toute honte.

Au bain du corps répond le bain de l'âme :

La cure thermale : la purification.
Inviter au bain : la révélation.
Se reconnaître sale : la confession.
Se déshabiller : déposer ses vices.
Se présenter nu devant Dieu : la honte.
Laver les pieds : l'humilité.
Frotter son corps : écouter la confession.
Racler sa peau : la pénitence.
Se fouetter de branches : réveiller l'ardeur.
Le peignoir : le linceul.
Le bain d'huile : baptême et extrême-onction.
Le bain quotidien : la messe.
Le bain thermal : la conversion avant la mort.
Remercier le maître de bain : l'action de grâces [1].

Quant à l'amour humain, ultime expression du plaisir dans sa dimension sexuelle, il ne représente qu'une impar-

1. D'après Ph. Braunstein.

faite traduction de l'amour divin. « Qu'il me baise d'un baiser de sa bouche. » Ainsi débute le *Cantique des cantiques*. Il est paradoxal de constater que les clercs, adeptes de la chasteté, apprécient grandement un poème au langage si charnel. Grégoire le Grand, à la fin du VIe siècle, explique que l'auteur du *Cantique* a utilisé le langage de l'amour humain pour dépeindre l'amour spirituel et entraîner le lecteur vers l'amour divin.

Vers 1138, Guillaume de Saint-Thierry compose un commentaire du *Cantique* où il expose les sens mystiques du baiser de l'Époux et de l'Épouse :

« Ce qu'apportent les ministres de l'Époux (les anges, les prophètes, les docteurs), c'est objet de connaissance ; mais ce qu'insuffle le souffle de sa bouche à lui, et de son baiser, c'est objet de saveur, qu'un jour on savourera en plénitude, lorsqu'en lui la joie sera pleine. »

« ... le jour où avec la figure de ce monde, aura passé toute iniquité... l'union de l'Époux et de l'Épouse se fera pleine et perpétuelle, dans la plénitude de la ressemblance. Non seulement l'Époux sera vu comme il est, mais tout homme qui aura mérité le titre d'Épouse sera comme il est lui-même. Le baiser, lui aussi, atteindra sa plénitude, au moment où, dans le baiser pour le baiser, dans l'étreinte pour l'étreinte, pleine et sans fin se consommera l'enivrante possession. »

Certains rêves montrent le Christ ou Marie accordant à leurs fidèles un ineffable baiser sur la bouche. Gautier de Coincy, dans ses *Miracles de la Vierge*, raconte l'histoire d'un sacristain entièrement dévoué à Notre-Dame qu'il prie nuit et jour. Une nuit, alors que, fatigué, il s'est endormi, Marie entre dans sa cellule. Comme il lui demande en pleurant l'honneur de baiser ses saints pieds, Notre-Dame lui répond en souriant :

... Je veux
beau doux ami, que jamais ne touche
mes pieds ta sainte bouche,
qui tant de fois m'a saluée ;
mais en ma face colorée,

beau doux ami, me sied et me plaît
que ta belle bouche me baise.

Gautier de Coincy n'indique pas que le baiser s'effectue sur la bouche de la Vierge, sans doute pour manifester un respect particulier à l'égard de celle-ci.

Au cours de l'avent 1135, Bernard de Clairvaux contemplant en extase les relations de l'Époux et de l'Épouse, du Christ et de l'Église, décide d'exposer à ses moines cette connaissance mystique à l'aide de sermons sur le *Cantique des cantiques*. Une progression est nécessaire, allant du baiser des pieds qui manifeste le repentir et du baiser de la main qui confère la force au baiser suprême qui est le baiser de la bouche du Christ, l'insufflation du Saint-Esprit. L'âme-Épouse le demande pour pénétrer, autant que possible, le mystère de la Trinité.

Bernard use de métaphores charnelles.

« Après quoi soupirent ces âmes [celles des moines], sinon, après un baiser ? Oui, elles soupirent après l'esprit de sagesse et d'intelligence. »

« Une preuve certaine que tu as reçu le baiser, c'est que tu sens que tu as conçu. C'est ce qui fait que tes mamelles se gonflent d'un lait abondant et meilleur que le vin de la science séculière, qui enivre véritablement, mais de curiosité et non de charité, qui emplit et ne nourrit point, qui enfle et n'édifie point, qui grise et ne fortifie point. »

Quels liens entre les plaisirs sexuels et la spiritualité ?

Selon Simone Weil : « Reprocher à des mystiques d'aimer Dieu avec la faculté d'amour sexuel, c'est comme si on reprochait à un peintre de faire des tableaux avec des couleurs qui sont composées de substances matérielles. Nous n'avons pas autre chose avec quoi aimer. »

Le jeûne, l'ascèse entraînent des souffrances pour les femmes qui les pratiquent, et pourtant celles-ci ne les considèrent pas comme le moyen de châtier leur corps, selon Caroline Bynum. Les tourments du Christ sont appelés par Béatrice de Nazareth « saines blessures ». L'abstinence est un moyen pour ces femmes d'imiter, c'est-à-dire de s'unir avec le corps du Christ. Elles ne tentent pas de supprimer leur chair, mais de la fondre dans la Chair qui, par ses souffrances, a sauvé le monde.

L'humanité du Christ constitue l'un des thèmes fondamentaux de la piété féminine, d'où des connotations érotiques ou sensuelles. Margery Kempe est tellement attirée par la virilité du Christ qu'elle pleure en voyant un bébé de sexe masculin ; au cours de ses visions, elle se blottit près de Jésus dans son lit et n'hésite pas à lui caresser les orteils. Le Christ, jeune et beau, dans des apparitions, se dénude la poitrine devant Lutgarde, Marguerite d'Ypres et Marguerite d'Oingt, « à la fois mère nourricière et amant sensuel ».

Hadewijch dépeint sa rencontre avec Jésus, bouche contre bouche, corps contre corps, avec des expressions évoquant l'orgasme. Les tourments causés par l'union avec le Christ impliquent et transcendent tout à la fois plaisir et souffrance.

Dans cette union, la nourriture joue un rôle important. Pour Hadewijch, avoir faim et dévorer entraînent l'union physique de deux corps. Manger, c'est fusionner avec l'autre par le baiser sur la bouche, la grossesse. Mais une telle union comporte de la souffrance, car elle ne permet pas d'apaiser les tourments du désir.

Pour dépeindre le plaisir de la fusion de son moi en Dieu au début de sa vie mystique, elle utilise les termes « dévorer », « avaler », « boire ». « Dieu me fit des présents nombreux, me donnant de le sentir et se révélant Lui-même. Il le fit par tout ce que je découvrais entre Lui et moi dans le rapport intime de l'amour, car les amants n'ont point coutume de se cacher, mais de se manifester au contraire l'un à l'autre dans le sentiment réciproque, lorsqu'ils se savourent jusqu'au fond, se dévorent, se boivent et s'engloutissent sans réserve aucune. »

Ses descriptions de baisers sur la bouche manifestent que tous les sens sont impliqués dans cette expérience de Dieu : « Ils se pénètrent de telle sorte que chacun ne sait plus se distinguer. C'est fruition commune et réciproque, bouche à bouche, cœur à cœur, corps à corps, âme à âme. »

Et dans l'une de ses visions elle décrit sa rencontre avec Dieu comme s'il s'agissait d'orgasme. « Enfin, s'avançant vers moi, il me prit toute entre ses bras et me serra contre lui ; et tous mes membres sentirent les siens dans la plénitude que j'avais désirée de cœur, selon ma propre humanité. Ainsi j'eus, de l'extérieur, satisfaction pleine et parfaite. Et, pour un peu de temps, j'eus aussi la force de le supporter ; mais, bien vite, je perdis la vision de l'homme beau sous la forme extérieure et je le vis s'évanouir sans que rien demeurât. Il s'effaça et se fondit en l'Unité de telle sorte que je cessai de le connaître et de l'appréhender hors de moi-même comme aussi de le distinguer en moi-même. Il me parut alors que nous étions unis sans différence. »

Au XIVe siècle, Christine de Markyate dépeint une rencontre charnelle semblable. « ... la jeune vierge Le saisit dans ses mains, Lui prodigua ses remerciements et Le pressa contre sa poitrine. Et avec un plaisir incommensurable, elle Le serra même à un certain moment sur son sein virginal ; et il y eut un autre moment où elle put sentir Sa présence en elle à travers l'obstacle de la chair. Qui donc pourra décrire cette douceur si envahissante ? »

L'Italienne Angèle de Foligno (1249-1309) a mari, enfants, château. Elle mène une vie mondaine jusqu'à quarante ans, âge où elle devient tertiaire de l'ordre de saint François et connaît « la révélation de l'union divine et de l'amour ». « En cette reconnaissance de la croix, écrit-elle, il me fut donné un tel feu que, debout près de la croix, je me dépouillai de tous mes vêtements et m'offris toute à lui. »

Passion d'Angèle pour le Christ, mais aussi passion du Christ pour Angèle. « Et il recommençait à dire : " Ma douce fille, ma fille, mes délices, mon temple ; ma fille, mon aimée, aime-moi, car je t'aime beaucoup plus que tu ne peux m'aimer. " Et très souvent il disait : " Ma fille et mon épouse, que tu m'es douce ! " Il disait encore : " Je t'aime infiniment. Je me suis posé en toi, pose-toi en moi maintenant... " Il me disait que le Fils de la Vierge Marie s'était abaissé jusqu'à moi. Et il me disait encore : " C'est moi qui ai été crucifié pour toi, qui ai eu faim et soif pour toi, qui ai répandu mon sang pour toi, tellement je t'ai aimée !" Et il me décrivait toute sa passion. »

Des auteurs ont vu évidemment dans ces réactions la sublimation du désir sexuel. Mais comme certains commentateurs de l'époque l'ont signalé, ce dernier ne cherche pas d'exutoire, il s'exprime tout simplement.

La Transverbération de Thérèse d'Avila (1515-1582) par le Bernin rend compte sur le plan artistique de cette expérience décrite par la sainte en 1559. « Je vis un ange auprès de moi, à ma gauche, en forme corporelle, ce qui ne m'est donné qu'exceptionnellement. Il n'était pas grand, mais petit et très beau. A son visage enflammé il paraissait être des plus élevés parmi ceux qui semblent tout embrasés d'amour. Il tenait en ses mains un long dard en or dont l'extrémité de fer portait je crois un peu de feu. Il semblait qu'il le plongeait plusieurs fois dans mon cœur et l'enfonçait jusqu'aux entrailles. En le retirant, on aurait dit que ce fer les emportait avec lui et me laissait tout entière enflammée d'un immense amour de Dieu... La douleur était si vive que je gémissais et si excessive la suavité de cette douleur qu'on ne peut désirer qu'elle cesse. Douleur spirituelle et non corporelle, bien que le corps ne manque pas d'y avoir part, et même beaucoup. »

Aussi Lacan peut-il dire : « Vous n'avez qu'à aller à Rome regarder la statue de Bernin pour comprendre tout de suite qu'elle jouit, ça ne fait pas de doute. Et de quoi jouit-elle ? Il est clair que le témoignage essentiel des mystiques, c'est justement de dire qu'ils l'éprouvent, mais n'en savent rien. »

C'est la faute originelle qui a rendu la sexualité humaine peccamineuse. Au paradis terrestre, selon un certain nombre de théologiens, l'humanité non pécheresse se serait multipliée grâce à la génération naturelle. Saint Bonaventure distingue dans l'acte sexuel « l'ouverture du verrou féminin, la passion qui est la rançon du péché et le plaisir honteux. La première est conforme à la nature ; la seconde est un châtiment, la troisième est une corruption vicieuse à mi-chemin entre la punition et la faute. Si l'homme avait connu la femme dans l'état d'innocence, il y aurait eu ouverture de la porte, mais pas la passion-punition ni la délectation indigne. Car alors la force générative n'aurait pas été corrompue ni infectée et les membres (qu'elle met en mouvement) auraient obéi à la raison comme le font, dit saint Augustin, la bouche, les mains et la langue ». Le plaisir sexuel aurait néanmoins existé – selon saint Thomas il aurait même été plus grand qu'après le péché –, mais homme et femme l'auraient entièrement maîtrisé.

*

« La plupart des gens, écrit Aristote, dans son *Éthique à Nicomaque*, recherchent comme un bien ce qui est agréable et fuient la douleur comme un mal. » Et d'ajouter au début du livre X de cet ouvrage : « Le plaisir semble être consubstantiel à notre espèce. »

De fait la notion de plaisir n'est pas évincée au Moyen Âge. Elle y est même plus évidente, plus forte, plus claire, manifestant une belle santé, une belle complétude, en ce que capable de satisfaire à la fois les sens, l'esprit, la sensibilité, l'âme, et une circulation des uns aux autres. Ni la notion de bonheur [1], découverte au XVIIIe siècle, ni celle de mal de vivre qui sourd de façon concomitante et qui semble suggérer que s'approfondit sans cesse le tourment de l'âme, ne sont encore apparues. Parce que la vie est au Moyen Âge difficile pour le plus grand nombre ? Parce que, ce qui peut apparaître comme le principal obstacle, à savoir Dieu, est clairement posé ? Il semble en tout cas qu'on observe ce double paradoxe que, loin d'exclure le plaisir, d'une part Dieu l'organise et de ce fait le vivifie, le promeut, que d'autre part, même lorsqu'il semble le subordonner à Lui, la question se pose de savoir lequel des deux contamine, intègre l'autre. Finalement, autant

1. Voir Robert Mauzi, *L'Idée du bonheur dans la littérature et la pensée françaises au XVIIIe siècle*, Paris, 1960.

englobé par Lui que son contraire, ne signifie-t-il pas la force vive, fondamentale du plaisir, l'impossibilité de son évacuation, bref la force de vie de l'homme ?

A notre époque de dérive, de désenchantement, de confusion, cette notion de vie puissante et néanmoins ordonnée, canalisée, haussée – ou du moins se donnant de pouvoir l'être –, vaut peut-être d'être retenue. Dans quelle mesure, en effet, s'affranchissant de la religion avec les développements de la rationalité, l'homme contemporain ne reste-t-il pas dans son sillage, dans sa portée, à travers les problèmes, les valeurs qu'elle a pu faire naître, comme s'il intériorisait dans sa solitude inquiète ces problèmes et ces valeurs-orphelin aujourd'hui de celle qui les a générés sans plus pouvoir leur répondre –, comme si, donc, on touchait avec le Moyen Âge le point de départ fondateur de toute la suite ?

BIBLIOGRAPHIE

SOURCES [1]

Adam de la Halle, *Le Jeu de la Feuillée*, éd. et trad. J. Dufournet, Paris, 1989.

Albert le Grand, *Opera omnia*, Bonn, depuis 1952.

André le Chapelain, *Traité de l'amour courtois*, éd. et trad. Cl. Buridant, Paris, 1974.

Aristote, *Éthique à Nicomaque*, éd. J. Voilquin, Paris, 1965, coll. Garnier-Flammarion.

Cent Nouvelles nouvelles, présentées par R. Dubuis, Lyon, 1991.

Césaire d'Arles, *Sancti Caesarii Arelatensis Sermones*, éd. C. Morin, 2 vol., Turnhout, 1953, Corpus christianorum, Series latina, CIII et CIV.

La Chanson de Roland, éd. et trad. Ian Short, Paris, 1990, coll. Lettres gothiques.

Charles d'Orléans, *Ballades et Rondeaux*, éd. et trad. J.-C. Mühlethaler, Paris, 1992, coll. Lettres gothiques.

G. Chastellain, *Œuvres*, éd. Kervyn de Lettenhove, 8 vol., Bruxelles, 1863-1866.

Chrétien de Troyes, *Erec et Enide*, éd. et trad. J.-M. Fritz, Paris, 1992, coll. Lettres gothiques.

–, *Romans de la Table ronde*, trad. J.–P. Foucher, Paris, 1970.

1. Nous n'indiquons ici que les principales sources utilisées dans cet ouvrage. Pour compléter, voir Wolfgang Buchwald, Armin Hohlweg, Otto Prinz, *Dictionnaire des auteurs grecs et latins de l'Antiquité et du Moyen Âge*, trad. et mis à jour par Jean Denis Berger et Jacques Billen, Turnhout, 1991, et *Dictionnaire des lettres françaises. Le Moyen Âge*, ouvrage préparé par Robert Bossuat, Louis Pichard et Guy Raynaud de Lage, éd. revue et mise à jour sous la direction de Geneviève Hasenohr et Michel Zink, Paris, 1992.

Chronique du Religieux de Saint-Denis, contenant le règne de Charles VI, de 1380 à 1422, éd. et trad. L.–F. Bellaguet, 6 vol., Paris, 1839-1852, collection de documents inédits sur l'histoire de France; réimpression avec une introduction de Bernard Guenée, 3 vol., Paris, 1994.

E. Deschamps, *Œuvres complètes*, éd. A. Queux de Saint-Hilaire et G. Raynaud, 11 vol., Paris, 1878-1904, Société des anciens textes français.

Les Évangiles des Quenouilles, éd. M. Jeay, Paris, 1985.

Fabliaux érotiques, éd. et trad. L. Rossi et R. Straub, Paris, 1992, coll. Lettres gothiques.

Flamenca. Roman occitan du XIII*e siècle*, éd. et trad. J.–Ch. Huchet, Paris, 1988, coll. « 10-18 ».

J. Froissart, *Chroniques*, éd. S. Luce, G. Raynaud, L. et A. Mirot, 15 vol., Paris, 1869-1975, en cours, Société de l'histoire de France; éd. Kervyn de Lettenhove, 26 vol., Bruxelles, 1870-1876.

Gaston Phébus, *Le Livre de la chasse de Gaston Phœbus*, transcrit en français moderne par R. et A. Bossuat, Paris, 1931.

Gervais de Tilbury, *Le Livre des Merveilles. Divertissement pour un Empereur* (troisième partie), trad. et commentaires par A. Duchesne, Paris, 1992.

Grégoire de Tours, *Historiarum libri decem*, éd. B. Krusch et W. Levison, dans *Monumenta Germaniae historica, Scriptores rerum merovingicarum*, t. I, 1, 1937-1951, rééd. 1962, *Histoire des Francs*, trad. R. Latouche, 2 vol., Paris, 1963-1965, Les Classiques de l'Histoire de France au Moyen Âge, 27 et 28.

–, *Miracula et opera omnia*, éd. B. Krusch, dans *Monumenta Germaniae historica, Scriptores rerum merovingicarum*, t. I, 2, 1885, rééd. 1969 avec une pagination différente, *Les Livres des miracles et autres opuscules*, éd. et trad. H. Bordier, 4 vol., Paris, 1857-1864.

B. Guénée et F. Lehoux, *Les Entrées royales françaises de 1328 à 1515*, Paris, 1968.

Guide du Pèlerin de Saint-Jacques de Compostelle, éd. J. Vielliard, Mâcon, 1938.

Guillaume de Lorris et Jean de Meun, *Le Roman de la Rose*, éd. et trad. A. Strubel, Paris, 1992, coll. Lettres gothiques.

Hadewijch d'Anvers, *Écrits mystiques des béguines*, trad. Fr. J.-B. P., Paris, 1954.

Inventaires de Jean, duc de Berry (1401-1416), publ. et annotés par J. Guiffrey, 2 vol., Paris, 1894-1896.

Jean de Salisbury, *Policraticus, sive De nugis curialium et vestigiis philosopharum*, éd. C. Ch. J. Webb, Oxford, 1909.

Journal d'un bourgeois de Paris de 1405 à 1449, éd. C. Beaune, Paris, 1990, coll. Lettres gothiques.

Olivier de La Marche, *Mémoires*, éd. H. Beaune et J. d'Arbaumont, 4 vol., Paris, 1883-1888.
Lancelot du Lac, éd. E. Kennedy, trad. F. Mosés, Paris, 1991, coll. Lettres gothiques.
A. Leroux de Lincy et L.-M. Tisserand, *Paris et ses historiens aux* XIV*e et* XV*e siècles*, Paris, 1867.
Le Livre de chasse du roy Modus, transcrit en français moderne par G. Tilander, Paris, 1931.
Loup de Ferrières, *Correspondance*, éd. et trad. par L. Levillain, Paris, 1964.
Le Ménagier de Paris, éd. J. Pichon, 2 vol., Paris, 1846-1847 – éd. G. E. Brereton et J.M. Ferrier, Oxford, 1981.
Enguerrand de Monstrelet, *Chronique. 1400-1444*, éd. L. Douet d'Arcq, 6 vol., 1857-1862.
Proverbes français antérieurs au XV*e siècle*, éd. J. Morawski, Paris, 1925.
Les XV Joies de Mariage, éd. J. Rychner, 1967.
Recueil général et complet des fabliaux des XIII*e et* XIV*e siècles*, éd. A. de Montaiglon et G. Raynaud, 6 vol., Paris, 1872-1890.
Registre de l'Inquisition de Jacques Fournier 1318-1325, éd. J. Duvernoy, 3 vol., Toulouse, 1965, trad. J. Duvernoy, 3 vol., Paris-La Haye-New York, 1978.
Sidoine Apollinaire, *Poèmes. Lettres*, éd. et trad. A. Loyen, 3 vol., Paris, 1960-1970.
Thomas d'Aquin (saint), *Somme théologique (Summa theologiae)*, texte latin et trad. française, 61 vol., Paris, 1925-1972.
Tristan et Iseut. Les poèmes français. La saga norroise, éd. et trad. D. Lacroix et Ph. Walter, Paris, 1989, coll. Lettres gothiques.
Le Victorial, éd. A. De Circourt et le comte de Puymaigre, Paris, 1867.
Vie de saint Étienne d'Obazine, éd. et trad. M. Aubrun, Clermont-Ferrand, 1970.
Villon, *Poésies complètes*, éd. Cl. Thiry, Paris, 1991, coll. Lettres gothiques.
C. Vogel, *Le Pécheur et la Pénitence au Moyen Âge*, Paris, 1969.
F.W. H. Wasserschleben, *Die Bussordnungen der abandländischen Kirche*, Halle, 1851.

TRAVAUX

Alexandre[-Bidon] (D.), Home, sweet home : confort et bien-être domestique aux XIVe et XVe siècles à travers les miniatures, dans *L'Idée de bonheur au Moyen Âge*, p. 31-48.

Alexandre-Bidon (D.) et Closson (M.), *L'Enfant à l'ombre des cathédrales*, Lyon, 1985.

Amour et sexualité en Occident, Paris, 1991, coll. Points Histoire.

Barroux (M.), *Les Fêtes royales de Saint-Denis en mai 1389*, Paris, 1936.

Bédier (J.), Les Plus Anciennes Danses françaises, dans *Revue des Deux Mondes*, t. XXI, 1er janvier 1906, p. 398-424.

Bezzola (Reto R.), *Les Origines et la formation de la littérature courtoise en Occident (500-1200)*, 3 parties en 5 volumes, Paris, 1958-1967.

Blanc (O.), « Le jeu des accessoires dans le vêtement médiéval », dans *Le Corps paré : ornements et atours, Razo*, n° 7, p. 37-46.

Boswell (J.), *Christianisme, tolérance sociale et homosexualité. Les homosexuels en Europe occidentale des débuts de l'ère chrétienne au XIVe siècle*, trad. A. Tachet, Paris, 1985, éd. anglaise, 1980.

Boucher (F.), *Histoire du costume en Occident de l'Antiquité à nos jours*, Paris, 1965.

Brillat-Savarin, *Physiologie du goût*, Paris, 1982, coll. Champs Flammarion.

Bruyne (Edg. de), *Études d'esthétique médiévale*, 3 vol., Bruges, 1946.

Bultot (R.), *Christianisme et valeurs humaines*, t. IV : *Le XIe siècle* ; vol. 1, *Pierre Damien*, Louvain-Paris, 1963, vol. 2. *Hermann de Reichenau. Roger de Caen. Anselme de Canterbury*, Louvain-Paris, 1964.

–, « Le conflit entre l'aspiration au bonheur et l'idéologie du "contemptus mundi" », dans *L'Idée de bonheur au Moyen Âge*, p. 87-96.

Bynum (C.), *Jeûnes et Festins sacrés. Les femmes et la nourriture dans la spiritualité médiévale*, Berkeley, 1987, trad. fr., Paris, 1994.

Carré (Y.), *Le Baiser sur la bouche au Moyen Âge. Rites, symboles, mentalités à travers les textes et les images, XIe-XVe siècles*, Paris, 1992.

Cerquiglini-Toulet (J.), *La Couleur de la mélancolie. La fréquentation des livres au XVe siècle. 1300-1415*, Paris, 1993.

Chailley (J.), *Histoire musicale du Moyen Âge*, 2e éd., Paris, 1969.

Champion (P.), *François Villon. Sa vie et son temps*, 2 vol., Paris, 1913.

–, *La Vie de Paris au Moyen Âge*, I : *L'avènement de Paris* ; II : *Splendeurs et Misères de Paris (XIVe-XVe siècles)*, 2 vol., Paris, 1933-1934.

Charbonnier (E.), « L'expression du bonheur dans la poésie des Goliards », dans *L'Idée de bonheur au Moyen Âge*, p. 115-122.

Charbonnier (P.), *Une autre France. La seigneurie rurale en basse Auvergne du XIVe au XVIe siècle*, 2 vol., Clermont-Ferrand, 1980.

Chelini (J.), *L'Aube du Moyen Âge. Naissance de la chrétienté occidentale. La vie religieuse des laïcs dans l'Europe carolingienne (750-900)*, Paris, 1991.

Chevalier (B.), *Les Bonnes Villes de France du XIVe au XVIe siècle*, Paris, 1982.

Closson (M.), « La fête profane au Moyen Âge dans les milieux populaires et aristocratiques à travers les miniatures », dans *L'Idée de bonheur au Moyen Âge*, p. 123-144.

Cohen (G.), *Le Théâtre en France au Moyen Âge*, t. I : *Le Théâtre religieux*, Paris, 1928 ; t. II : *Le Théâtre profane*, Paris, 1931.

Collard (F.), « Le banquet fatal : la table et le poison dans l'Occident médiéval », dans *La Sociabilité à table*, p. 335-342.

Combarieu du Grès (M. de), *L'Idéal humain et l'expérience morale chez les héros des chansons de geste des origines à 1250*, Aix-en-Provence-Paris, 1979.

Contamine (Ph.), « Les aménagements de l'espace privé, XIVe-XVe siècles », dans *Histoire de la vie privée*, t. II, p. 421-501.

–, *La Vie quotidienne pendant la guerre de Cent Ans. France et Angleterre (XIVe siècle)*, Paris, 1976.

Le Corps paré : ornements et atours, Razo, n° 7, Nice, 1987.

Dauphine (J.), « Bonvesin de la Riva : De quinquaginta curialitatibus ad mensam », dans *Manger et boire au Moyen Âge*, t. II, p. 7-19.

Delisle (L.), *Recherches sur la librairie de Charles V*, 2 vol., Paris, 1907.

Delort (R.), *Le Commerce des fourrures en Occident à la fin du Moyen Âge*, 2 vol., Rome, 1978.

–, *La Vie au Moyen Âge*, Paris, 1982.

Delumeau (J.), *Une histoire du paradis*, Paris, 1992.

–, *Le Péché et la peur. La culpabilisation en Occident. XIIIe-XVIIIe siècle*, Paris, 1983.

Delumeau (J.) et Lequin (Y.) dir., *Les Malheurs des temps. Histoires des fléaux et des calamités en France*, Paris, 1987.

Doutrepont (G.), *La Littérature française à la cour des ducs de Bourgogne. Philippe le Hardi – Jean sans Peur – Philippe le Bon – Charles le Téméraire*, Paris, 1909.

Dufresne (J.-L.), « Les comportements amoureux d'après le registre de l'officialité de Cerisy », dans *Bulletin philologique et historique*, 1973, *Comité des Travaux historiques et scientifiques*, Paris, 1976, p. 131-156.

L'Érotisme au Moyen Âge, Actes du troisième colloque organisé par l'Institut d'études médiévales de l'université de Montréal, publ. sous la direction de B. Roy, Montréal, 1977.

Études sur la sensibilité au Moyen Âge, Actes du 102e congrès national des sociétés savantes (Limoges, 1977). Section de philologie et d'histoire jusqu'à 1610, t. II, Paris, 1979.

Faral (Ed.), *La Vie quotidienne au temps de Saint Louis*, Paris, 1938.

Faure (P.), *Parfums et Aromates de l'Antiquité*, Paris, 1987.

Flandrin (J.-L.), « L'attitude à l'égard du petit enfant et les conduites sexuelles dans la civilisation occidentale. Structures anciennes et évolution », dans *Enfant et Sociétés*, p. 143-210 ; rééd. dans *Le Sexe et l'Occident*, p. 151-216.

–, « Contraception, mariage et relations amoureuses dans l'Occident chrétien », dans *Annales ESC*, 1969, p. 137-190 ; rééd. dans *Le Sexe et l'Occident*, p. 109-126.

–, *L'Église et le contrôle des naissances*, Paris, 1970.

–, « Mariage tardif et vie sexuelle », dans *Annales ESC*, 27, 1972, p. 1351-1376.

–, *Le Sexe et l'Occident. Évolution des attitudes et des comportements*, Paris, 1981, coll. Points Histoire, recueil d'articles.

–, *Un temps pour embrasser. Aux origines de la morale sexuelle occidentale (vie-xie siècle)*, Paris, 1983.

Fouquet (C.) et Knibiehler (Y.), *L'Histoire des mères*, Paris, 1980.

Gagne (J.), « L'érotisme dans la musique médiévale », dans *l'Érotisme au Moyen Âge*, p. 83-107.

La Gastronomie au Moyen Âge, 150 recettes de France et d'Italie, textes trad. et présentés par O. Redon, F. Sabban et S. Serventi, Paris, 1993.

Gaudemet (J.), *Le Mariage en Occident. Les mœurs et le droit*, Paris, 1987.

Gauvard (Cl.), *« De grace especial ». Crime, État et Société en France à la fin du Moyen Âge*, 2 vol., Paris, 1991, Publications de la Sorbonne.

Hasenohr (G.), « La vie quotidienne de la femme vue par l'Église : l'enseignement des " journées chrétiennes " de la fin du Moyen Âge », dans *Frau und Spätmittelalterlicher Alltag*, Vienne, 1986, p. 19-101.

Heers, *Fêtes, Jeux et Joutes dans les sociétés d'Occident à la fin du Moyen Âge*, Montréal-Paris, 1971.

Histoire de la famille, publ. sous la direction de A. Burguière, Ch. Klapisch-Zuber, M. Segalen, F. Zonabend, t. I, *Mondes lointains, mondes anciens*, Paris, 1986.

Histoire de la France religieuse, publ. sous la direction de J. Le Goff et de R. Rémond ; t. I, *Des dieux de la Gaule à la papauté d'Avignon (des origines au xive siècle)*, Paris, 1988 ; t. II, *Du christianisme flamboyant à l'aube des Lumières (xive-xviiie siècle)*, Paris, 1988.

Histoire de la vie privée, publ. sous la direction de Ph. Ariès et G. Duby; t. II : *De l'Europe féodale à la Renaissance*, Paris, 1985.

Huizinga (J.), *Le Déclin du Moyen Âge*, trad. fr., Paris, 1932.

L'Idée de bonheur au Moyen Âge, Actes du Colloque d'Amiens de mars 1984, éd. D. Buschinger, Göppingen, 1990. Voir Alexandre (D.), Bultot (R.), Charbonnier (E.), Closson (M.), Lorcin (M.-Th.), Payen (J.-Ch.), Tavera (A.).

L'Image du corps humain dans la littérature et l'histoire médiévales, Razo, Cahiers du centre d'études médiévales de Nice, n° 2, Nice, 1981.

Jacquart (D.) et Thomasset (Cl.), *Sexualité et savoir médical au Moyen Âge*, Paris, 1985.

Jeay (M.), « Sur quelques coutumes sexuelles du Moyen Âge », dans *L'Érotisme au Moyen Âge*, p. 123-141.

Knibiehler (Y.). Voir Fouquet (C.).

Lafortune-Martel (A.), *Fête noble en Bourgogne au* XV*e siècle. Le banquet du Faisan (1454) : Aspects politiques, sociaux et culturels*, Montréal-Paris, 1984.

Langlois (Ch.-V.), *La Vie en France au Moyen Âge de la fin du* XII*e siècle au milieu du* XIV*e siècle*, 4 vol., Paris, 1926-1928.

Larmat (J.), « Les bains dans la littérature française du Moyen Âge », dans *Les Soins de beauté*, p. 195-210.

Laurent (S.), *Naître au Moyen Âge. De la conception à la naissance : la grossesse et l'accouchement (*XII*e-*XV*e siècle)*, Paris, 1989.

Laurioux (B.), « Entre savoir et pratiques : le livre de cuisine à la fin du Moyen Âge », dans *Médiévales*, 14, 1988, p. 59-71.

–, « Les menus de banquets dans les livres de cuisine de la fin du Moyen Âge », dans *La Sociabilité à table*, p. 273-282.

–, *Le Moyen Âge à table*, Paris, 1989.

Leclercq (J.), *Le Mariage vu par les moines au* XII*e siècle*, Paris, 1983.

Le Goff, « Le refus du plaisir », dans *L'Histoire*, n° 63, janvier 1984, p. 52-59; rééd. dans *L'Imaginaire médiéval*, Paris, 1991, p. 136-148.

–, « Saint Louis à table : entre commensalité royale et humilité alimentaire, dans *La Sociabilité à table*, p. 133-144.

Leguay (J.-P.), *La Rue dans les villes françaises de la fin du Moyen Âge*, Rennes, 1984.

Le Roy Ladurie (E.), *Montaillou, village occitan de 1294 à 1324*, Paris, 1975.

Lorcin (M.-Th.), *Façons de sentir et de penser : les fabliaux français*, Paris, 1979.

–, « L'idée de bonheur dans les fabliaux », dans *L'Idée de bonheur au Moyen Âge*, p. 293-302.

–, « Manger et boire dans les fabliaux, rites sociaux et hiérarchie des plaisirs », dans *Manger et Boire au Moyen Âge*, t. I, p. 227-237.
–, « Le soleil, l'œil et la vision au Moyen Âge », dans *Le Soleil, la Lune et les Étoiles au Moyen Âge*, p. 215-228.
Lowen, (dr. A.), *Le Plaisir*, trad. fr. B. Cartier-Bresson, Paris, 1984.
Maisonneuve (R.), « La musique et le divin chez les mystiques anglais du XIVe siècle », dans *Musique, Littérature et Société au Moyen Âge*, p. 409-424.
Manger et Boire au Moyen Âge, Actes du Colloque de Nice (15-17 octobre 1982), 2 vol., Paris, 1984.
Martineau-Genieys (Ch.), Modèles, maquillage et misogynie à travers les textes littéraires français du Moyen Âge, dans *Les Soins de beauté*, p. 32-50.
Mehl (J.-M.), *Les Jeux au royaume de France du XIIIe au début du XVIe siècle*, Paris, 1990.
Ménard (Ph.), « Jardins et vergers dans la littérature médiévale », dans *Jardins et Vergers en Europe occidentale (VIIIe-XVIIIe siècles)*, Neuvièmes journées internationales d'histoire de Flaran, septembre 1987, Auch, 1989, p. 41-69.
–, *Le Rire et le sourire dans le roman courtois en France au Moyen Âge (1150-1250)*, Genève, 1969.
Michel (A.), *La Parole et la beauté. Rhétorique et esthétique dans la tradition occidentale*, Paris, 1982.
Musique, Littérature et société au Moyen Âge, Actes du Colloque 24-29 mars 1980, publ. par D. Buschinger et A. Crépin.
Nelli (R.), *L'Érotique des troubadours*, Paris, 1966.
–, *Le Roman de Flamenca. Un art d'aimer occitanien du XIIIe siècle*, Toulouse, 1966.
Noonan (J.T.), *Contraception et mariage, évolution ou contradiction dans la pensée chrétienne*, trad. fr., Paris, 1969.
Pastoureau (M.), *La Vie quotidienne en France et en Angleterre au temps des chevaliers de la Table ronde*, Paris, 1976.
Payen (J.-Ch.), « Un sujet impossible : le bonheur au Moyen Âge », dans *L'Idée de bonheur au Moyen Âge*, p. 327-335.
Piaget (A.), « La cour amoureuse dite de Charles VI », dans *Romania*, XX, 1891, p. 417-454.
Le Plaisir, dans Revue catholique internationale *Communio*, t. VII, n° 2 (mars-avril 1982).
Poirion (D.), *Le Poète et le Prince. L'évolution du lyrisme courtois de Guillaume de Machaut à Charles d'Orléans*, Paris, 1965.
Redon (O.) dir., *Nourritures*, dans *Médiévales*, n° 51, 1983.
Rey-Flaud (H.), *La Névrose courtoise*, Paris, 1983.
Richard (J.-M.), *Mahaut, comtesse d'Artois et de Bourgogne (1302-1329)*, Paris, 1887.

Riché (P.), Éducation et culture dans l'Occident barbare, VIe-VIIIe siècles, 3e éd., Paris, 1973.

–, *La Vie quotidienne dans l'Empire carolingien*, Paris, 1973.

Rossiaud (J.), « Les métamorphoses de la prostitution au XVe siècle. Essai d'histoire culturelle », dans *La Condicion de la mujer en la Edad Media*, p. 155-185.

–, « Prostitution, jeunesse et société dans les cités du Sud-Est à la fin du Moyen Âge », dans *Annales. Économies. Sociétés. Civilisations*, 1976, 1, p. 289-325. Rééd. dans *La Prostitution médiévale*, p. 17-63 et 231-251.

–, *La Prostitution médiévale*, Paris, 1988.

Rouche (M.), « Les repas de fête à l'époque carolingienne », dans *Manger et Boire au Moyen Âge*, t. I, p. 265-296.

Rousselle (A.), *Porneia. De la maîtrise du corps à la privation sensorielle. IIe-IVe siècles de l'ère chrétienne*, Paris, 1983.

Rovinsky (D.), « La cosmétologie de Guy de Chauliac », dans *Les Soins de beauté*, p. 171-182.

Sahlin (M.), *Étude sur la carole médiévale. L'origine du mot et ses rapports avec l'Église*, Uppsala, 1940.

Samouillan (A.), *Olivier Maillard, sa prédication et son temps*, Paris, 1891.

Le Sexe et le plaisir en Occident, dossier dans l'*Histoire*, n° 180, septembre 1994, p. 30-50 (entretiens avec J. Rossiaud, J. Berlioz, D. Régnier-Bohler, J. Le Goff).

La Sociabilité à table. Commensalité et convivialité à travers les âges, Actes du colloque de Rouen (14-17 novembre 1990), Rouen, 1993.

Les Soins de beauté. Moyen Âge. Début des temps modernes. Actes du IIIe colloque international Grasse (26-28 avril 1985), Nice, 1987.

Stouff (L.), *Ravitaillement et Alimentation en Provence aux XIVe et XVe siècles*, Paris-La Haye, 1970.

Tavera (A.), « Le bonheur dans la souffrance : les troubadours sont-ils responsables du masochisme ? », dans *L'Idée de bonheur au Moyen Âge*, p. 401-421.

Thélamon (F.), « Sociabilité et conduites alimentaires », dans *La Sociabilité à table*, p. 9-15.

Thomasset (Cl.). Voir Jacquart (D.).

Van Marle (R.), *Iconographie de l'art profane au Moyen Âge et à la Renaissance et la décoration des demeures* ; t. I : *La Vie quotidienne*, La Haye, 1931 ; t. II : *Allégories et Symboles*, La Haye, 1932.

Vaultier (R.), *Le Folklore pendant la guerre de Cent Ans d'après les lettres de rémission du Trésor des Chartes*, Paris, 1965.

Verdon (J.), *Isabeau de Bavière*, Paris, 1981.

–, *Les Loisirs au Moyen Âge*, Paris, 1980.

–, *La Nuit au Moyen Âge*, Paris, 1994.

Vigarello (G.), *Le Propre et le Sale. L'hygiène du corps depuis le Moyen Âge*, Paris, 1985 coll. Points Histoire.
Vincent-Cassy (M.), « La *gula* curiale, ou les débordements des banquets au début du règne de Charles VI », dans *La Sociabilité à table*, p. 91-102.
Vuarnet (J.-N.), *Extases féminines*, Paris, 1991.
Wirth (J.), *L'Image médiévale. Naissance et développements (vi^e^-xve siècle)*, Paris, 1989.
Zumthor (P.), *La Mesure du monde*, Paris, 1993.

Nous n'avons pu tenir compte des actes d'un colloque sur les transgressions sexuelles, tenu à Bruges récemment.

Remerciements

Je remercie Madame Dominique Malezieux-Pastol et Monsieur François-Xavier de Vivie de leurs précieuses remarques et suggestions.

Table

TROISIÈME PARTIE

PLAISIRS EN TOUS SENS

Pluriel

Collection *Pluriel* fondée par Georges LIÉBERT
et dirigée par Pierre VALLAUD

• Art • Musique • Littérature •

Art abstrait (l'), DORA VALLIER *8425*
Art du chef d'orchestre (l'), GEORGES LIÉBERT *8383*
Bach en son temps, GILLES CANTAGREL *8380*
Baroque et classicisme, VICTOR L. TAPIÉ *8491*
Gauguin, FRANÇOISE CACHIN *8528*
Gustave Flaubert, HERBERT LOTTMAN *8553*
Intellectuels sous la IIIe République (les)
(3 tomes), RÉMY RIEFFEL *8727-8728-8729*
Liszt en son temps, PIERRE-ANTOINE HURÉ, CLAUDE KNEPPER *8469*
Manet, ERIC DARRAGON *8568*
Musique et verbe, WILHELM FURTWÄNGLER *8479*
Mythes grecs (les) (2 tomes), ROBERT GRAVES *8399-8400*
Nu (le) (2 tomes), KENNETH CLARK *8498-8501*
Post-impressionnisme (le) (2 tomes), JOHN REWALD *8505-8506*
Révolution surréaliste (la), LOUIS JANOVER *8751*
Wagner en son temps, THOMAS MANN *8315*

• Philosophie •

Alexis de Tocqueville, ANDRÉ JARDIN *8474*
Aurore, FRIEDRICH NIETZSCHE *8509*
Du contrat social, JEAN-JACQUES ROUSSEAU *8519*
Du Pouvoir, BERTRAND DE JOUVENEL *8503*
Gai Savoir (le), FRIEDRICH NIETZSCHE *8497*
Gnose de Princeton (la), RAYMOND RUYER *8303*
Humain, trop humain, FRIEDRICH NIETZSCHE *8516*
Mensonge romantique et vérité romanesque, RENÉ GIRARD *8472*
Nietzsche, DANIEL HALÉVY *8466*
Nouvelle histoire des idées politiques,
PASCAL ORY (SOUS LA DIRECTION DE) *8537*
Par-delà le Bien et le Mal, FRIEDRICH NIETZSCHE *8448*
Violence et le sacré (la), RENÉ GIRARD *8461*

• Sciences •

• Sciences humaines •

• Histoire •

Action française (l'), EUGEN WEBER 8542
Âge d'or de la prostitution de 1870 à nos jours (l'), JACQUES SOLÉ 8709
Ancien Régime (1610-1770) (l') (2 tomes), EMMANUEL LE ROY LADURIE 8653-8654
Anticolonialistes 1881-1962 (les), JEAN-PIERRE BIONDI 8638
Babylone et la Bible, JEAN BOTTÉRO 8756
Bourse et la vie (la), JACQUES LE GOFF 8609
Carolingiens (les), PIERRE RICHÉ 8606
Chair, le diable et le confesseur (la), GUY BECHTEL 8748
Chemins de Dieu (les), JEAN CHELINI ET HENRY BRANTHOMME 8725
Chevalier, la femme et le prêtre (le), GEORGES DUBY 8376
Chute de la Troisième République (la), WILLIAM SHIRER 8544
Classes laborieuses et classes dangereuses, LOUIS CHEVALIER 8445
De l'or et des épices, JEAN FAVIER 8772
Déclaration des droits de l'homme et du citoyen (la), STÉPHANE RIALS 8527
Déportation et génocide, ANNETTE WIEVIORKA 8737
Despotisme éclairé (le), FRANÇOIS BLUCHE 8442
Drame de Byzance (le), ALAIN DUCELLIER 8689
Empires normands d'Orient (les), PIERRE AUBÉ 8738
En cheminant avec Hérodote, JACQUES LACARRIÈRE 8379
En suivant les dieux, JACQUES LACARRIÈRE 8484
Enfants perdus, enfants punis, YVES ROUMAJON 8561
Esclaves et domestiques au Moyen-Age, JACQUES HEERS 8777
État Royal (1460-1610) (l'), EMMANUEL LE ROY LADURIE 8548
Europe des Lumières (l'), RENÉ POMEAU 8739
Europe, histoire de ses peuples (l'), JEAN-BAPTISTE DUROSELLE 8755
Explorateurs du Moyen Age (les), JEAN-PAUL ROUX 8773
Fête et révolte, YVES-MARIE BERCÉ 8683
Fin des notables (la), DANIEL HALÉVY 8763
France (la), PIERRE CHAUNU 8398
France et les Français outre-mer (la), ROBERT ET MARIANNE CORNEVIN 8630
Grèce archaïque (la), ANTHONY SNODGRASS 8759
Guerre dans l'histoire de l'Occident (la), MICHAËL HOWARD 8543
Guerre de 70 (la), FRANÇOIS ROTH 8628
Guerre totale 1939-1945 (une), PHILIPPE MASSON 8650
Histoire de l'armée allemande, PHILIPPE MASSON 8787
Histoire de l'idée coloniale en France, RAOUL GIRARDET 8482
Histoire de la civilisation en Europe, FRANÇOIS GUIZOT 8427

Histoire de la pudeur, Jean-Claude Bologne 8500
Histoire de la République gaullienne
(2 tomes), Pierre Viansson-Ponté 8715-8716
Histoire de la Rome antique, Lucien Jerphagnon 8660
Histoire de la violence, Jean-Claude Chesnais 8386
Histoire des catholiques en France, François Lebrun 8408
Histoire des élites en France (XVIe-XXe siècle),
direction Guy Chaussinand-Nogaret ; J-M. Constant,
C. Durandin, A. Jouanna 8647
Histoire des mères, Yvonne Knibiehler et Catherine Fouquet 8388
Histoire des pays de l'Est des origines à nos jours,
Henry Bogdan 8705
Histoire des pèlerinages non chrétiens,
Jean Chelini et Henry Branthomme 8726
Histoire des peuples de l'ex-URSS, Henry Bogdan 8706
Histoire du paysage français (2 tomes),
Jean-Robert Pitte 8648-8649
Histoire intellectuelle du libéralisme, Pierre Manent 8513
Histoire mondiale du vin (une), Hugh Johnson 8736
Histoire religieuse de l'Occident médiéval, Jean Chelini 8570
Hitler, Marlis Steinert 8616
Hitler m'a dit, Hermann Rauschning
Initiation à l'Histoire de France, Pierre Goubert 8464
Inquisition espagnole (XVe-XIXe siècle) (l'),
Bartolomé Bennassar 8687
Inventaire du monde (l'), Claude Nicolet 8771
Invention de l'homme moderne (l'), Robert Muchembled 8712
Invention de la République (l'), Denis Lacorne 8569
Jean Moulin, Henri Michel 8643
Jésuites (les), Alain Woodrow 8572
Jours de guerre (les), Yves Pourcher 8741
Jours de notre mort (2 tomes) (les), David Rousset 8665-8670
Juifs à la fin du Moyen Age dans l'Europe
méditerranéenne (les), Maurice Kriegel 8718
Libéraux (les) (2 tomes), Pierre Manent 8447-8495
Louis XIV, François Bluche 8510
Louis XIV et vingt millions de Français, Pierre Goubert 8306
Louis XV, Michel Antoine 8571
Louis XVIII, Evelyne Lever 8623
Médecines de la folie, Pierre Morel et Claude Quétel 8455
Mouvements fascistes (les), Ernst Nolte 8576
Moyen-Age (987-1460) (le), Georges Duby 8547
Napoléon, Jean Tulard 8520
Napoléon III, Louis Girard 8627
Nuit au Moyen Age (la), Jean Verdon 8754

On a perdu la guerre de Troie, MOSES I. FINLEY 8758
Parole ressuscitée (la), VITALI CHENTALINSKY 8703
Pensée européenne au XVIIIe siècle (la), PAUL HAZARD 8747
Pétain, MARC FERRO 8671
Peur en Occident (la), JEAN DELUMEAU 8457
Pré Carré (le), ALFRED FIERRO-DOMENECH 8535
Procès de Nuremberg (le), JEAN-MARC VARAUT 8617
Qu'est-ce que la féodalité ?, F.L. GANSHOF 8642
Réflexions sur la Révolution en France, EDMUND BURKE 8475
République de 1880 à nos jours (2 tomes), MAURICE AGULHON 8602-8603
République des ducs (la), DANIEL HALÉVY 8768
République du centre (la), FRANÇOIS FURET, JACQUES JULLIARD ET PIERRE ROSANVALLON 8534
Révolution 1770-1880 (la) (2 tomes), FRANÇOIS FURET 8549-8550
Révolution française (la), FRANÇOIS FURET ET DENIS RICHET 8485
Rome au XVIe siècle, JEAN DELUMEAU 8684
Société française au XIXe siècle (la), JACQUES DUPÂQUIER ET DENIS KESSLER 8750
Tondues, Un carnaval moche (les), ALAIN BROSSAT 8657
Tragédies grecques au fil des ans, JACQUELINE DE ROMIILY 8775
Trente Glorieuses (les), JEAN FOURASTIÉ 8458
Troisième République (la), JEAN-PIERRE AZÉMA ET MICHEL WINOCK 8426
Univers concentrationnaire (l'), DAVID ROUSSET 8666
Univers phénicien (l'), MICHEL GRAS, PIERRE ROUILLARD, JAVIER TEIXIDOR 8753
Vie pour la Chine (une), JACQUES GUILLERMAZ 8567
Ville au Moyen-Age (la), JACQUES HEERS 8614
Douceur dans la pensée grecque (la), JACQUELINE DE ROMILLY 8757
Sorciers grecs, ANDRÉ BERNAND 8762

ACTUELLES

À qui profite la cocaïne ?, MYLÈNE SAULOY ET YVES LE BONNIEC 8719
Allemagne en Occident (l'), ALFRED GROSSER 8492
Capital, suite et fins (le), GUY SORMAN 8770
Comment les démocraties finissent, JEAN-FRANÇOIS REVEL 8422
Connaissance inutile (la), JEAN-FRANÇOIS REVEL 8533
Culte de la performance (le), ALAIN EHRENBERG 8783
De Gaulle, où es-tu ?, ANDRÉ GLUCKSMANN 8728
De zéro à epsilon, FRANÇOIS RACHLINE 8714
Défi écologique (le), MICHEL BARNIER 8573
Dictature libérale (la), JEAN-CHRISTOPHE RUFIN 8733
École, usine à chômeurs (l'), MAURICE T. MASCHINO 8639
Empire et les nouveaux barbares (l'), JEAN-CHRISTOPHE RUFIN 8592

INTERVENTION

Main basse sur la Cité, EMMANUEL FABER 8600
Moment Gorbatchev (le), FRANÇOISE THOM 8583
Monde sans paysans (un), DANIEL TACET 8597
Noirs américains (les), PHILIPPE PARAIRE 8620
Populations en danger, MÉDECINS SANS FRONTIÈRES 8618
Pour en finir avec le meilleur des mondes, FRANÇOIS DOUBIN 8721
Pouvoir, la politique et l'État en France (le), ALAIN CUBERTAFOND 8662
Proche-Orient, du refus à la paix, XAVIER BARON 8696
Psychanalyse du guerrier, CLAUDE BARROIS 8626
Résistance et mémoire, d'Auschwitz à Sarajevo, ÉMILE MALET (SOUS LA DIRECTION DE) 8656
Retour au Parana, SÉLIM ABOU 8674
Réveil balte (le), PASCAL LOROT 8582
Rupture à l'italienne, ELIO COMARIN 8659
Sans domicile fixe, HUBERT PROLONGEAU 8644
Sociétés post-industrielles et redéveloppement, XAVIER GREFFE 8615
Tragédie banalisée : la faim dans le monde (une), SYLVIE BRUNEL 8557
Tristes Justices, YVES LEMOINE ET FRÉDÉRIC NGUYEN 8658
Utopie verte (l'), PHILIPPE PARAIRE 8598
Vers une mer inconnue, MICHEL BARNIER 8708
Vertu des Nations (la), BERNARD DE MONTFERRAND 8624

RÉFÉRENCE

Économie et politique de la science et de la technologie, RÉMI BARRÉ ET PIERRE PAPON 8625
Histoire des relations internationales (4 tomes), CHARLES ZORGBIBE 8677-8702-8730-8731
Libération de Paris, les cent documents, HENRI ROL-TANGUY ET ROGER BOURDERON 8704
Musique du XXe siècle (la), JEAN-NOËL VON DER WEID 8593
Nouvelles questions d'Orient (les), LES CAHIERS DE L'ORIENT (SOUS LA DIRECTION DE) 8585

CLASSEMENT PAR AUTEUR

LIÉBERT Georges, L'Art du chef d'orchestre 8383
LLOYD Alexis, L'Europe en chantier 8622
LOROT Pascal, Le Réveil balte 8582
LOTTMAN Herbert, Gustave Flaubert 8553
MALET Émile (sous la direction de),
Résistance et mémoire, d'Auchwitz à Sarajevo 8656
MALHERBE Michel, Les Religions de l'humanité (2 tomes) 8574-8635
MANENT Pierre, Les Libéraux (2 tomes) 8447-8495
Histoire intellectuelle du libéralisme 8513
MANN Thomas, Wagner et notre temps 8315
MASCHINO Maurice T., L'École, usine à chômeurs 8639
Voulez-vous vraiment des enfants idiots ? 8437
MASSON Philippe, Une Guerre totale 8650
MÉDECINS SANS FRONTIERES, Face aux crises... 8669
Populations en danger 8618
MÉNIERE Laurent (sous la direction de),
Bilan de la France 1981-1993 8645
MICHEL Henri, Jean Moulin 8643
MINCES Juliette, La Femme voilée 8575
MONTFERRAND Bernard (de), La Vertu des Nations 8624
MOREL Pierre, Médecines de la folie 8455
MUCHEMBLED Robert,
L'Invention de l'homme moderne 8712
NGUYEN Frédéric, Tristes justices 8658
NICOLET Claude, L'Inventaire du monde 8771
NIETZSCHE Friedrich, Aurore 8509
Le Gai savoir 8497
Humain, trop humain 8516
Par-delà le bien et le mal 8448
NOLTE Ernst, Les Mouvements fascistes 8576
OBSERVATOIRE GÉOPOLITIQUE DES DROGUES,
La Drogue, nouveau désordre mondial 8641
État des drogues, drogue des États 8701
ORY Pascal (sous la direction de),
Nouvelle histoire des idées politiques 8537
PAPON Pierre, Les logiques du futur 8546
Économie et politique de la science et de la technologie 8625
PARAIRE Philippe, L'Utopie verte 8598
Les Noirs américains 8620
PERNOUD Régine, Jeanne d'Arc 8499
PITTE Jean-Robert, Histoire du paysage français (2 tomes) 8648-8649
POMEAU René, L'Europe des Lumières 8739
POURCHER Yves, Les Jours de guerre 8741
PRÉVOT Henri, La France : Économie, sécurité 8698
PROLONGEAU Hubert, Sans Domicile Fixe 8644

Imprimé en France, par l'imprimerie Hérissey à Évreux (Eure) - N° 76630
HACHETTE/PLURIEL - 43, quai de Grenelle - Paris
Collection n° 24 - Édition n° 01
Dépôt légal : 2113, mai 1997
ISBN : 2.01.278832.7
ISSN : 0296-2063

27.8832.1